JUDO KYOHON

TRADUZIONE DEL CAPOLAVORO SCRITTO DI JIGORO KANO NEL 1931

Autore

© 2020 JOSE A. CARACENA

Tutti i diritti riservati.

Traduzione versione italiana

GIUSEPPE CORBO

Progetto grafico della copertina
Jesus F. Cruz

STAMPATO E PUBBLICATO DA BLURB (USA)

2020

Tutti i diritti riservati. È severamente vietato senza l'autorizzazione scritta del proprietario del copyright in base alle sanzioni stabilite dalla legge, riproduzione parziale o totale di quest'opera con qualsiasi mezzo o procedura, compresi la reprografia e l'elaborazione informatica e la distribuzione di copie mediante affitto o prestito pubblico.

PROLOGO 1

Sono lieto di congratularmi con José A. Caracena per la pubblicazione del suo libro JUDO KYOHON, una traduzione completa del capolavoro originale che fu pubblicato per la prima volta nel settembre 1931 in Giappone e che non era mai stato disponibile in inglese o spagnolo.
Dopo una lunga ricerca del libro in Giappone, Sensei Caracena e Sensei Giuseppe Corbo lo hanno tradotto dal testo originale giapponese. Questo libro si concentra su come e perché è stato creato il Kodokan Judo. Include una spiegazione delle basi del Kodokan Judo con i suoi tre pilastri della conoscenza, tra cui; arte marziale, autodifesa e costruzione della persona.
Sebbene questo libro includa istruzioni dettagliate con illustrazioni e foto delle tecniche di Judo (Waza), presenta anche, nelle parole di Jigoro Kano, argomenti notevoli come "Cosa è il Judo", "Le origini del Judo", "La cronologia di allenamento nel judo ", " Judo nelle scuole", "Come la formazione del judo è utile ", " Come il judo influisce sulle persone " e " Il grande scopo del judo ".
Questo libro è una lettura molto approfondita e istruttiva. Un tesoro del tradizionale judo Kodokan. Un "lettura obbligatoria" per tutti i judoka seri.
Come studente di Judo Kodokan tradizionale, sono molto grato per gli straordinari sforzi del Sensei Caracena di cercare, trovare, acquisire e tradurre questo capolavoro precedentemente non disponibile che espone la comprensione dell'umanità del professor Kano, compresi elementi di apprendimento, sviluppo delle competenze, prosperità reciproca, leadership, autodisciplina, crescita del carattere e contributo alla società.
In un momento in cui la maggior parte delle persone pensa che il Judo sia solo uno sport, è rinfrescante leggere le "parole" direttamente dal Fondatore su ciò che pensava del suo Kodokan Judo. In conclusione, porgo i miei migliori saluti e congratulazioni a José A. Caracena e Giuseppe Corbo per i loro eccezionali risultati nella pubblicazione di questo libro.
Cordiali saluti, Bruce R. Bethers, 8 °Dan
Presidente della USA Traditional Kodokan Judo (USA-TKJ), www.usatkj.org

PROLOGO 2

Inizio questo prologo complimentandomi con il Maestro Jose A. Caracena per la perseveranza nel riuscire ad ottenere una copia del leggendario ed unico libro completo (JUDO KYOHON) scritto dal Maestro Jigoro Kano e nell'incredibile impresa di tradurlo in varie lingue.

In questo libro, non solo trovarono spazio le spiegazioni di numerose tecniche relative al Judo, ma bensì il pensiero, aneddoti e sogni di uno dei più Grandi Maestri di arti marziali mai esistiti, nonché fondatore del Judo Kodokan. Al contrario di quello che si possa pensare il suo fondatore non lo codificò solo come una disciplina sportiva ma piuttosto come qualcosa di più profondo. Per il Maestro Kano il Ju-do non era una mera Arte (jitsu), piuttosto era un cammino (do).

Per questo immergendosi nelle pagine di questo libro si può capire che il Judo per il suo Fondatore era uno stile di vita, alla quale dedicò la sua intera esistenza.

Come dicevo sopra, alcuni aneddoti ci mostrano un Jigoro Kano molto saggio a volte un po' rude, ma sempre rispettoso di tutto ciò che lo circonda, avversari, amici o alunni.

Un libro d'obbligo nella biblioteca di un marzialista, anche se di disciplina differente. Qui troveremo molte delle pratiche abituali di un marzialista, pensate tanti anni prima da un grande Maestro.

Massimiliano Vona 7° dan - Karate Shotokan
Presidente della Shinten Academy
Buona lettura

INTRODUZIONE DELL'AUTORE

Da quando abbiamo conosciuto diversi anni fa l'esistenza dell'unico libro completo scritto nel corso della vita del Maestro Jigoro Kano, ci siamo sempre chiesti perché non fosse mai stato tradotto in lingue diverse dal giapponese. Un'opera di tale portata così importante, deve essere mostrata a tutti senza riserve. Il lavoro di Jigoro Kano è della massima importanza per comprendere sia l'evoluzione del Ju Jutsu e le radici del Judo Kodokan, sia lo sviluppo del Budo tanto in Giappone quanto in Occidente.

Molto è stato scritto sul pensiero di Kano sopra i suoi ideali, sul suo concetto di arti marziali e dello sport. Esistono numerose pubblicazioni basate su vecchie riviste, documenti, conferenze, ecc. mai ci era stato mostrato il suo capolavoro pubblicato nel settembre 1931 (ristampato nel 1953) con il titolo di "Judo Kyohon".

Oggi è difficile, per non dire quasi impossibile, ottenere una copia di quest'opera, le poche che ancora esistono sono generalmente tenute in cattive condizioni ed i loro proprietari logicamente non li mostrano al pubblico.

Per quelli di noi che amano il judo, siamo lieti di vedere nello studio di questo lavoro come l'attuale (perlopiú sportivo) judo sia lontano dal concetto per il quale fu creato: il judo come forma di Budo, un metodo di autodifesa e sistema di allenamento integrale dell'individuo. La questione è trattata in varie parti di questo libro, ad esempio, nei capitoli dedicati agli Atemi-waza ed ai kata praticamente dimenticati come il Seiryoku zenyo kokumin taiiku e la parte dedicata al Kime Shiki.

Le illustrazioni sono state realizzate più di 85 anni fa, quindi logicamente la loro qualità non è delle migliori, a causa dei mezzi fotografici disponibili in quel momento, nonostante tutte le immagini sono conservate.

Qui vi mostriamo quello che è senza dubbio un libro unico, di straordinario valore al servizio di tutti voi.

Dedicato a tutti gli appassionati di arti marziali.

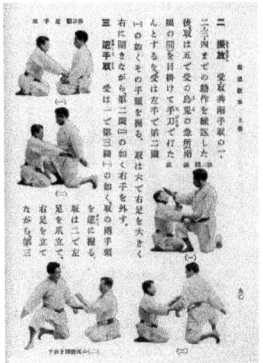

Pagina della pubblicazione giapponese

Copertine delle pubblicazioni giapponesi di
"JUDO KYOHON"

JUDO KYOHON

TRADUZIONE DEL CAPOLAVORO SCRITTO DI JIGORO KANO NEL 1931

JIGORO KANO

SEDE KODOKAN

INTERNO DELLO SHIMOTOMISAKA DOJO DI KODOKAN

SHIHAN JIGORO KANO

JIGORO KANO PROLOGO

IL punto non è che non ne esistano libri sul Judo, bensì che la maggior parte di loro trattano le spiegazioni sulle tecniche e pochi quelli che spiegano, in forma concisa, lo spirito fondamentale del judo ed il fulcro di ciascuna (waza) tecnica.

Da molto tempo stavo pensando di pubblicare questo libro ma non mi stato possibile per la mancanza di tempo. Recentemente il ministero dell'educazione del Giappone ha deciso di includere il Judo o come materia scolastica nel ciclo di educazione secondaria e, per questo, ho provveduto a redigere un lavoro adatto. Nell'educazione secondaria di primo e secondo grado su utilizza il Jokan e nel terzo, quarto e quinto grado il Gekan. Nel primo ho messo le spiegazioni sul significato del Judo la conoscenza necessaria per la sua pratica ed allo stesso tempo una spiegazione di ciascuna waza. Nel Gekan, ho continuato con la spiegazione di ciascuna waza e con l'attenzione verso i punti più importanti all'interno dell'allenamento.

Nel ciclo di educazione secondaria esiste una grande differenza di conoscenza e comprensione fra i gradi alti e quelli bassi, per questo ci sono molte cose che i gradi alti comprendono facilmente ma quelli bassi no. Per questo, spiego le waza agli alunni di grado basso nella maniera più semplice possibile mentre per quelli di grado alto la spiegazione sarà la stessa anche se con maggior numero di dettagli. Essenzialmente, il Judo è un'arte marziale ed anche un'attività fisica, parallelamente, è una forma di allenamento mentale. Così si deve tener presente il judo, come arte marziale e come allenamento mentale quando lo si sta praticando come sport. Nello stesso modo nella pratica del Judo come arte marziale convivono ambedue le forme. Per ultimo, L'idea di inserire immagini nel libro non è solo per suscitare l'interesse bensì per far comprendere in forma più efficace il vero valore di ciascuna waza.

Maggio del 1931
Jigoro Kano

Allenamento invernale allo shimotomisaka dojo del kodokan 1

Allenamento invernale allo shimotomisaka dojo del kodokan 2

JUDO KYOHON

INDICE

1° INTRODUZIONE
Pag 16

2° COS'È IL JUDO
Pag 18

3° PERCHÉ SERVE L'ALLENAMENTO DI JUDO?
Pag 20

4° COME NASCE IL JUDO
Pag 22

5° ORDINE CRONOLOGICO NELL'ALLENAMENTO DI JUDO
Pag 24

6° COSE NECESSARIE PER LA FORMAZIONE DI JUDO
Pag 26

1. DOJO
2. JUDOGI
3. REI E APPROFONDIMENTI COMPORTAMENTALI ALL'INTERNO DEL DOJO
4. SHISEI
5. KUZUSHI
6. SALUTE
7. AVANTI E INDIETRO
8. TSUKURI - KAKE
9. UKEMI

7° TANDOKU RENSHU-SEIRYOKU ZENYO KOKUMIN TAIIKU
Pag 44

8° WAZA, ATEMI WAZA, ATE DOKORO, KYUSHO
Pag 62

9° RANDORI SHO WAZA, NAGE WAZA 1
Pag 70

1. HIZA GURUMA
2. SASAE TSURIKOMI ASHI
3. DE ASHI BARAI
4. OKURI ASHI BARAI
5. O SOTO GARI
6. UKI GOSHI
7. HARAI GOSHI

10° LA VERA PRATICA DI JUDO DEVE OSSERVARE IL GRANDE OBIETTIVO DI JUDO
Pag 84

- 10-1 CIÒ CHE SI APPRENDE NELL'ALLENAMENTO SERVE PER TUTTO
- 10-2 COME DORMIRE, RIPOSARE E STUDIARE
- 10-3 UN ESEMPIO APPRESO DA UN AMICO
- 10-4 COME SCEGLIERE GLI AMICI E RELAZIONARSI CON LORO
- 10-5 STUDENTI E SPESE

11° RANDORI SHO WAZA, SHIBORI WAZA, KATAME WAZA 1
Pag 94

1. KESA GATAME
2. KUZURE KESA GATAME
3. KAMI SHIHO GATAME
4. KUZURE KAMI SHIHO GATAME
5. KATA TE JIME
6. KATA JUJI JIME
7. GYAKU JUJI JIME

12° KIME SHIKI - SEIRYOKU ZENYO KOKUMIN TAIIKU
Pag 102

13° RANDORI SHO WAZA, NAGE WAZA 2
Pag 114

1. O GOSHI
2. TSURIKOMI GOSHI
3. SEOI NAGE
4. TAI OTOSHI
5. TOMOE NAGE
6. SUMI GAESHI

14° LEZIONE DI JUDO
Pag 126

- 14-1 JUDO RENDE LE PERSONE ONESTE
- 14-2 IL JUDO CI CONVERTE IN ESSERI TRANQUILLI E RAPIDI
- 14-3 BENESSERE E PROSPERITÀ RECIPROCA
- 14-4 PROSPERITÀ E PRATICA DI KATA · RANDORI
- 14-5 EVITARE L'ABBANDONO ED ECCESSI NELLA PRATICA
- 14-6 NON ABUSARE DELLE TECNICHE APPRESE

1-INTRODUZIONE

柔道教本

JUDO KYOHON

INTRODUZIONE

Visto che sei in questo mondo, devi vivere nella forma più coraggiosa possibile. Però, cos'è una vita coraggiosa? individualmente è ottenere la felicità più grande quindi, stando dentro la società o in famiglia, è il poter soddisfare gli altri iniziando per i propri genitori e poi il resto del mondo.

Come cittadino giapponese, devi far sì che dal capo di Stato, l'imperatore, fino all'ultimo cittadino riconoscano che sei un beneficio per il tuo paese e fare sì che i cittadini di tutto il mondo pensino che una persona che fa tutto il possibile come membro dell'umanità.

Quando un individuo imprudente cerca di raggiungere la felicità pensa che non può farlo per il suo paese e se prova penserà che, per questo, deve svantaggiare gli altri paesi. Se veramente vuole ottenere la felicità deve provare ad incontrare la maniera di beneficiare alle persone ed al paese, per questo, guardando verso il futuro, l'obiettivo e lasciare il via libera al benestare della gente integrata nel complesso mappamondo. Cosicché la vita vera risiede nel procurare svilupparsi senza disturbare gli altri, alla società, al paese e agli stranieri ed instradarla in maniera che gli altri ottengono il massimo beneficio possibile. Questo è il cammino della vita umana. Quindi uno si chiede: come si può vivere senza avere contraddizioni di nessun tipo.

La risposta è: allenare a fondo in un cammino che si chiama Judo.

CAPITOLO 2

COS'È IL JUDO

COS'È IL JUDO

Qualsiasi cosa realizza l'essere umano non potrebbe farla senza muovere la mente e il corpo. Un gesto, come quello di impacchettare un libro o come quello di creare una serie di frasi, muove la mente e il corpo della maniera più adeguata adattandola a questo fine e per farlo nella maniera migliore possibile. Questo è quello che si chiama l'uso della massima efficacia del corpo e della mente e che suppone il gran cammino per ottenere tutto. È, in definitiva, il Judo.

Applicare questo percorso all'arte dell'attacco della difesa si chiamerà Bujutsu e, d'altra parte, se mira a rafforzare il corpo come strumento utile nella vita quotidiana, si chiama educazione fisica.

Pertanto, la forma ideale della vita sociale sarebbe applicare questa via di virtù e di sapienza come veicolo di perfezionamento comune a tutti gli individui.

Quando impari chiaramente la teoria di base del Judo, non c'è nulla che sia impossibile giudicare se ci atteniamo a questo modo di pensare. Ad esempio, quando osserviamo l'attitudine di noi stessi rispetto alle altre persone, rispetto al nostro paese, ad altri paesi o davanti ai problemi di ogni giorno in ogni momento, si può risolvere sulla base di questa teoria. Imparando correttamente il judo questa capacità deve svilupparsi naturalmente.

CAPITOLO 3

PERCHÉ SERVE L'ALLENAMENTO DI JUDO?

PERCHÉ SERVE L'ALLENAMENTO DI JUDO?

Esistono molti tipi di educazione fisica nel mondo, ma nessuno è uguale al Judo nella varietà dei suoi metodi. Potrebbero distinguersi il Randori è il Kata.

Dentro di quest'ultima c'è una disciplina che è il metodo ideale per l'educazione fisica popolare (seiryoku zenyo kokumin taiiku) e che raggruppa tutti senza distinguere adulti da giovani, uomini da donne, forti da deboli, eccetera, ed è praticabile in tutto il mondo. In più è un metodo che va a fortificando il corpo per tutta la vita di modo che si è convertito nello sport perfetto e preferito per la grande maggioranza.

Proprio come un paese ha la necessità di proteggersi, anche un individuo deve conoscere le tecniche di difesa.

Quando qualcuno attacca senza motivo viene inteso come un atto deplorevole che fa male al proprio onore e non si ci deve arrende rapidamente. Il cittadino deve essere mentalmente preparato a combattere se succede qualcosa di grave contro il suo paese. Per questo, dobbiamo avere le capacità che la pratica del Judo concede, considerata come un'arte e preziosa all'interno del Bujutsu.

Allenando il judo, raramente ci lesioneremo cadendo da un punto elevato poiché con esso acquisiamo una maggiore agilità corporea. Non solamente, si acquisisce il coraggio e la tranquillità per poter decidere le cose al momento. D'altra parte, il Judo è l'allenamento ideale per far lavorare la mente e il corpo in modo più efficace. Con la tua pratica apprendi automaticamente la teoria di base e sulla base di essa acquisisce la capacità di decidere correttamente in ogni circostanza. Ma ci sono molti altri benefici nella pratica del Judo che spiegherò più avanti.

CAPITOLO 4

COME NASCE IL JUDO

COME NASCE IL JUDO

In Giappone, sin dai tempi antichi, esisteva un bugei chiamato Jujutsu ed era praticato in tutto il paese insieme al Kenjutsu e Sojutsu. Kenjutsu è l'arte della spada e Sojutsu l'arte della lancia, divisa a sua volta in molte scuole. Nel Jujutsu ci sono anche molte altre discipline e fondamentalmente si combatte senza armi, sebbene la spada sia usata in alcune occasioni. Quindi si può dire che Jujutsu sia un insieme di Mutejutsu e Kenjutsu.

Ho apportato diversi miglioramenti al metodo di insegnamento nel tempo e l'ho modificato per insegnare non solo un'arte (jutsu) ma un percorso (do). Comprendendo che avrei dovuto insegnare le modalità di attacco e difesa, i modi per rafforzare la mente e il corpo e gli altri principi adattandoli al percorso, ho fondato il Kodokan nel 1882 e ho iniziato a insegnare il metodo. Il judo kodokan, dalla sua origine, si sta diffondendo nei paesi dell'Europa e dell'America, così come in tutto il Giappone e sta persino raggiungendo i continenti Asia e Africa.

CAPITOLO 5

ORDINE CRONOLOGICO NELL'ALLENAMENTO DI JUDO

ORDINE CRONOLOGICO NELL'ALLENAMENTO DI JUDO

L'allenamento di judo inizia con la pratica combinata di educazione fisica e *Bujutsu*. Esistono due forme: *kata* e *randori*. Per *kata* si intende il perfezionamento delle forme e l'ordine di movimenti nel combattimento, con la condizione di sapere in anticipo come attaccare e come difendere ogni *kata*. Da parte sua, il *randori* é, senza mancare di rispetto all'avversario e prestando attenzione a non fargli del male, esercitare liberamente un combattimento adatto a entrambi. Ottenendo buoni risultati e con buone intenzioni puoi riconoscere le basi della teoria per essere in grado di applicarle nella vita quotidiana e nella società, che è il cammino migliore. Quando riconoscerai questo grande percorso, sarai in grado di applicarlo a qualsiasi cosa o situazione.

Ora in quale ordine dovresti praticare *kata* e *randori*? È meglio iniziare con *kata*. All'interno del *kata* iniziamo con la pratica in solitario (*tandoku renshu*) delle forme più efficaci di educazione fisica (*seiryoku zenyo kokumin aiiku*). Nella prima classe dell'istruzione secondaria l'educazione fisica è importante, quindi è necessario applicare questi moduli nel modo più conveniente possibile. È meglio, per progredire nella formazione del corpo, allenare il *bujutsu* con i gruppi degli *atemi* della *renshu Tandoku* all'interno del *Seiryoku zenyo Kokumin taiiku* invece di iniziare direttamente con il *randori*. Dopodiché e dopo aver praticato i modi di cadere, rotolare, girare, ecc., si passa al *randori*, così si stabilisce l'ordine corretto. Pertanto, l'interesse per il combattimento non è basato sullo sforzo fisico o sul causare lesioni.

CAPITOLO 6

COSE NECESSARIE PER LA FORMAZIONE DI JUDO

COSE NECESSARIE PER LA FORMAZIONE DI JUDO

Ora approfondirò gli studi su *kata* e *randori*. Per cominciare, darò la spiegazione dei termini necessari.

1. Dojo.
È usato principalmente per *randori*, *kata*, *shiai* e, raramente, per dibattiti o discussioni. Ciò richiede una grande stanza con tappetini "tatami".
È pericoloso colpire il muro, quindi le assi di legno saranno posizionate all'altezza delle spalle, prestando particolare attenzione a non far sporgere angoli o chiodi dalle colonne. Inoltre, è necessario assicurarsi che i tatami non siano danneggiati o che non vi siano spazi tra di loro. Il tappetino tatami deve essere piatto e alla stessa altezza per evitare lesioni ai praticanti. L'interno del *dojo* deve essere pulito, mantenendo un luogo serio di pratica e con un'atmosfera sacra.

2. Judogui.
Può anche essere chiamato *keikogui* ed è l'insieme di *uwagui*, *shitabaki* e *obi* (cintura). La foto mostra il suo formato. Il colore di *uwagui* e *shitabaki* è bianco. I colori della cintura variano a seconda del *dan* : da *shodan* a 5 *dan* è nero, da 6 *dan* a 9 *dan* è rosso e bianco mentre più di 10 *dan* è rosso; quello degli altri è bianco. Allo stesso modo, i minori che hanno più di 3 *kyu* indosseranno il viola.

I nomi di ogni parte di *judogi* sono i seguenti:

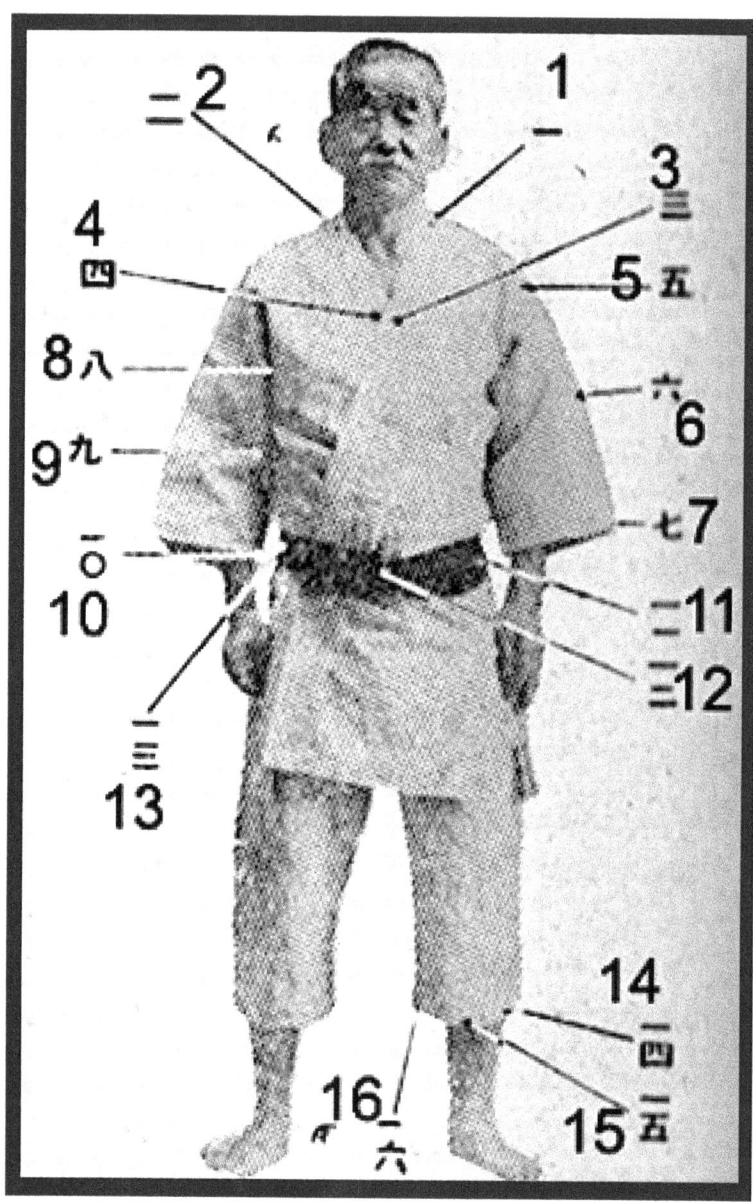

1 Hidari yoko eri
2 Migi yoko eri
3 Hidari mae eri
4 Migi mae eri
5 Hidari soto oku sode
6 Hidari soto naka sode
7 Hidari soto kuchi sode
8 Migi uchi oku sode
9 Migi uchi naka sode
10 Migi uchi kuchi sode
11 Hidari yoko obi
12 Mae obi
13 Migi yoko obi
14 Shitabaki hidari soto suso
15 Shitabaki hidari mae suso
16 Shitabaki hidari uchi suso.

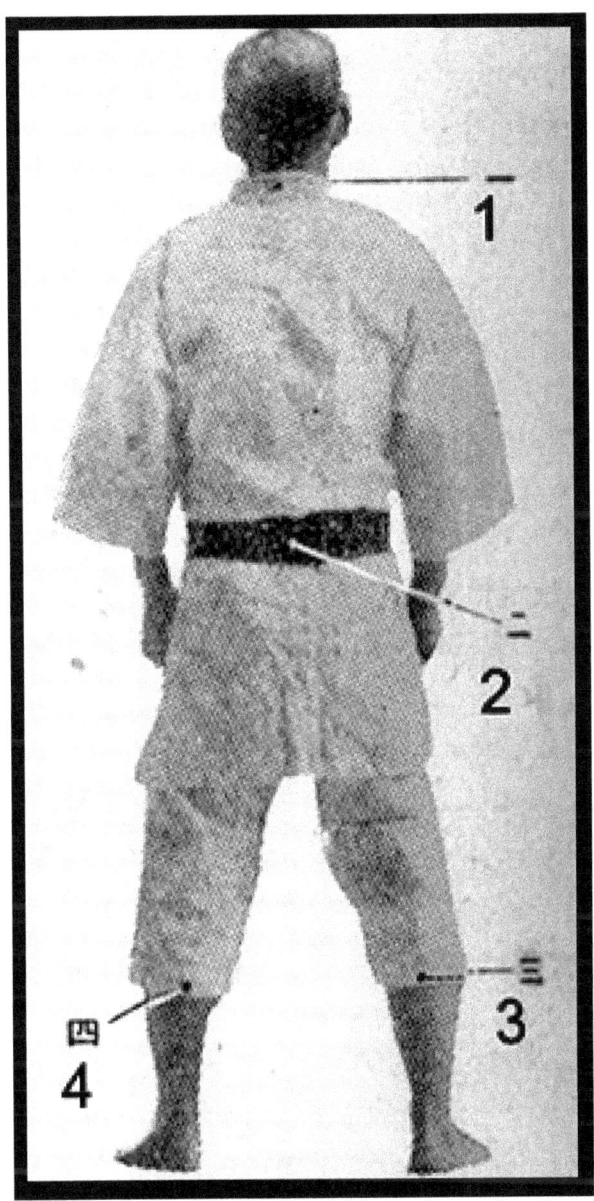

1 Ushiro eri
2 Ushiro obi
3 Migi shitabaki ushiro suso
4 Hidari shitabaki ushiro suso.

3. Rei e approfondimenti comportamentali all'interno del dojo.

Rei è l'atto formale di rispetto per gli altri per cui deve necessariamente essere fatto prima e dopo la pratica di *kata*, *randori* e combattimento (*shiai*).

Kata e *randori* sono un tipo di combattimento (e allenamento) per cui, tanto all'inizio quanto alla fine si saluterá rispettosamente. Lo scopo del combattimento è apprendere la tecnica, nonostante ciò tra le due parti deve essere mantenuto il rispetto reciproco. *Zarei* (saluto in ginocchio) si fa sedendosi in ginocchio a circa un metro di distanza, come si vede nell'immagine. 1. Le dita dei piedi sono distese a terra, posando i glutei sopra i talloni, posizionando le mani sul tappetino e con le dita leggermente rivolte verso l'interno, abbassando la testa all'altezza delle spalle come si evince dall'immagine. 2. Questo è lo *zarei* ufficiale.

Quando pratichiamo il *kata*, lo faremo sempre in questo modo, ma quando pratichiamo il *randori* dedichiamo tempo a salutare con il metodo ufficiale. Quindi, senza dimenticare di mettere la testa e le mani, come nel metodo ufficiale, è consentito mettere i piedi in maniera che la punta delle dita tocchino il tatami ed il gluteo in aria. Nel *Tachirei* (saluto in piedi) ci si posiziona un po' più avanti, un metro e mezzo o poco più, come mostrato nell'immagine 3 e salutando come nell'immagine 4. Anche se a volte si effettua un saluto più distante, in ogni caso, si deve sempre farlo con il cuore. Il *Rei* non si utilizzerà solo per il saluto tra due persone in *kata* e randori, ma anche quando si entra o esce dal *dojo*, quindi si saluterà verso il retro della stanza considerato il luogo dei gradi più alti ed il luogo più sacro, ed allo stesso tempo si saluta gli altri presenti in quel momento.

Ci sono altre cose da tenere a mente quando ci si trova all'interno del *dojo*, poiché questo è il luogo per allenare e rilassare i pensieri per allenarti seriamente. Non parlare troppo o fare rumori eccessivi e cercare sempre di fare del tuo meglio con tutte le energie che hai, sia nella pratica sia in combattimento. In pausa è possibile unirsi all'allenamento degli altri per migliorare la propria tecnica. Infine, considerando che il *dojo* è la casa comune di tutti, devi collaborare per ordinare i suoi interni e tenerlo sempre pulito.

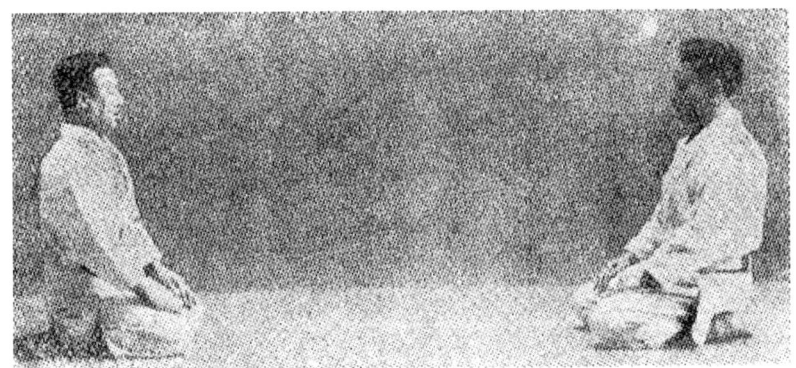

1

2

3

4

32 JUDO KYOHON

4. Shisei (Postura).

Shisei di base è la posizione naturale come mostrato nell'immagine 1. È la posizione di base che cambia in successione ad altre posizioni e consiste nello stare in una posizione semplice, aprendo le gambe con uno spazio di circa un gradino.

Ora, avanzando la mano destra ed il piede, diventa una posizione naturale destra come immagine 2, quindi con la mano sinistra e il piede sinistro in avanti diventa una posizione naturale sinistra. Quando apriamo le gambe e abbassiamo la vita, diventa la posizione di difesa di base come mostrato nell'immagine 3. Sulla base di questa posizione, mettiamo la mano destra e il piede in avanti e diventa una posizione di difesa destra come mostrato nell'immagine 4, quindi con la mano ed il piede sinistro avanti è chiamata posizione difensiva sinistra.

1   2

3   4

5. Kuzushi (squilibrio).

Sulla base della posizione naturale, ci sono otto forme di *kuzushi*. Come mostrano le immagini 1, 2, 3, 4, 5, 6, 7 e 8, ci sono nomi diversi a seconda della direzione dello squilibrio.

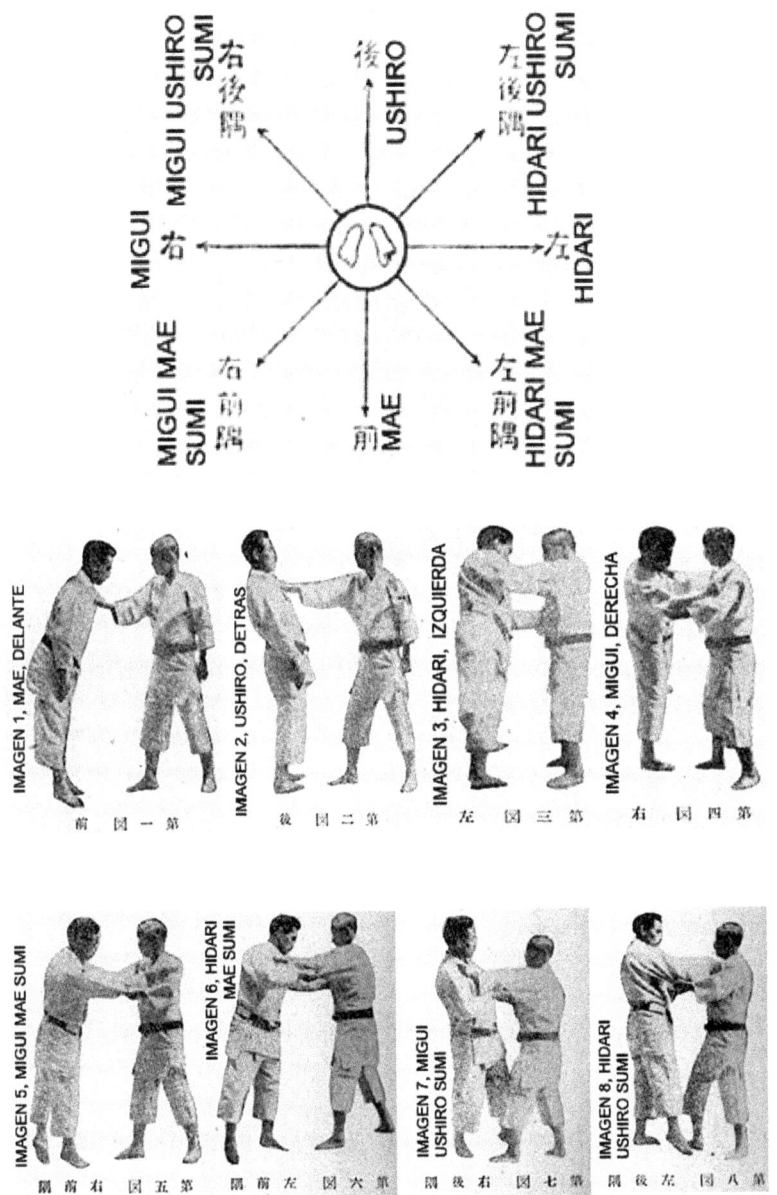

6. Salute.

Se stai cercando di ottenere il massimo successo nell'allenamento, dovresti condurre una vita equilibrata, senza eccessi o carenze di cibo, di bevande o sonno e non dovresti mangiare o bere immediatamente prima o dopo ogni allenamento. Per evitare la privazione del sonno nella vita di tutti i giorni, prova a fare rapidamente le tue attività quotidiane per finire prima dell'ora di andare a letto, così puoi riposare più facilmente. Devi sempre mantenere il tuo corpo pulito così come il *keikogui (judogi)*, entrambe le cose sono necessarie e non solo per la tua igiene ma anche come rispetto per le altre persone. Inoltre, ripara il tuo *keikogui* se necessario e non tenere unghia lunghe. Cerca di non avere la necessità di andare in bagno mentre ti alleni e di espirare attraverso il naso e non aprire la bocca.

7. Avanti e indietro.

È un modo per spostarsi avanti e indietro, da sinistra a destra dal luogo che occupi in base alle esigenze di ogni momento. Spiegherò il metodo di andata e ritorno all'interno della metodologia del Randori, qui presenterò solo la teoria. Per spostare il corpo avanti e indietro, da sinistra a destra o per ruotare in qualsiasi direzione, il peso del corpo deve rimanere sul piede in movimento. Quando uno si avvicina all'avversario, non dovrebbe camminare con un passo normale, ma deve farlo necessariamente in *tsugi ashi*, cioè si deve evitare di camminare con grandi passi o mettere entrambi i piedi insieme.

C'è un'osservazione importante in avanti e all'indietro nel Randori: se subisci una spinta dall'avversario, devi tirare più forte, allo stesso modo se subisci una spinta devi spingere più forte, facendogli perdere l'equilibrio per facilitare l'esecuzione di una *waza*.

8. Tsukuri e Kake.

Se sbilanciamo l'avversario e prepariamo il nostro corpo si chiama *tsukuri* e se facciamo una *waza*, sul corpo sbilanciato dell'avversario si chiama *kake*. Nel *nage waza* allenando il Randori, è conveniente iniziare dando importanza alla pratica dello *tsukuri* e poi passare a quella del *kake*, perché se lo *tsukuri* è ben consolidato puoi eseguire la *waza* anche se il *kake* è insufficiente, al contrario se lo *tsukuri* è insufficiente il *kake* è inefficace in un avversario forte, mentre su un avversario debole c'è il rischio di fargli male. Quindi devi eseguire una *waza* quando l'avversario perde il suo equilibrio da solo o facendolo perdere spingendo, tirando, girando, invitando, ecc.

Finora ho parlato sul come eseguire *Waza* all'avversario preparando la sua posizione, ma per eseguire una *Waza devi* anche prepararti. Preparare *(tsukuri)* significa anche preparare l'avversario e allo stesso tempo mettersi in una posizione strategica per poter eseguire facilmente la tecnica. Il rapporto tra *tsukuri* e *kake* è comune in tutte le *waza* della *Nage Waza*.

9. *Ukemi* (caduta).

Prima di iniziare con il Randori, dobbiamo tenere a mente le tecniche di *ukemi*. *Ukemi* significa che, quando cadiamo soli o siamo gettati a terra dall'avversario lo si deve fare senza danneggiarci, senza dolore e con facilità. Ci sono modi per cadere avanti e indietro, da sinistra a destra e rotolare. Non puoi allenare con Randori liberamente senza praticare tante *ukemi*. Di seguito, spiegherò alcuni modi:

A.*Ukemi* all'indietro: la pratica di cadere all'indietro. Seduti e allungando le gambe come nell'immagine 1-1, il braccio e il corpo a 30-45 gradi cadiamo all'indietro colpendo il tatami come nell'immagine 1-2. Quando si colpisce con la mano destra, il corpo viene leggermente ruotato a destra e quando a sinistra ruota a sinistra. C'è un punto importante quando viene praticato *ukemi* all'indietro e farlo correttamente per non colpire la testa per terra, devi abituarti a piegare leggermente il collo in avanti quando cadi all'indietro come se stessi guardando il nodo della cintura. Dopo la pratica precedente, effettueremo *ukemi* per tornare alla posizione di *seiza* come mostrato nell'immagine 2-1. Si ci alza come nell'immagine 2-2, mettendo il collo del piede sinistro sul tappetino come mostrato nell'immagine 2-3. Inizia a cadere con la punta del piede sinistro a destra e cadi come nell'immagine 2-4. Quanto segue si inizia dalla posizione eretta come nell'immagine 3-1: inizia a cadere come nell'immagine 3-2 finendo la caduta come nell'immagine 3-3. Dopo questo, c'è una maniera per tornare indietro ma non è necessariamente obbligatorio per il Randori.

1-1   1-2

2-1

2-2

2-3

2-4

3-1   3-2

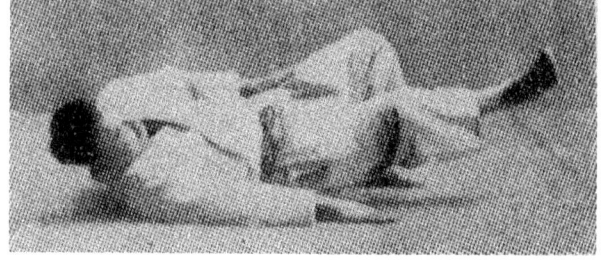

3-3

B-*Ukemi* in avanti: È una maniera di cadere in avanti in cui è particolarmente importante sapere come mettere le mani sul tappeto. Ti pieghi in avanti mettendo le mani a 45 gradi - ciascuna verso l'interno sul tappeto - ed i gomiti si fletteranno correttamente (di solito non si producono danni). Per esercitarti, piegati verso il basso con le mani di 45 gradi verso l'interno posizionando le dita dei piedi verticalmente sul pavimento e toccandolo.

Esercitati ripetutamente allungando i gomiti come nell'immagine 5-1 e flettendoli come nell'immagine 5-2. Questo rafforza i muscoli delle braccia e anche le articolazioni del gomito e del polso.

4   5-1   5-2

Quando un avversario ti fa cadere da un luogo elevato o cadi per una qualche forma di *nage waza* a volte risultano insufficienti gli *Ukemi* precedenti. In questo caso, è necessario praticare un altro modo di cadere. Come mostrato nell'immagine 6-1, facendo un piccolo passo in avanti con il piede destro, mettendo la mano destra tra le gambe, abbassando la testa e avanzando come nell'immagine 6-2; avanzando ulteriormente la mano, la testa e spingendo l'anca, quindi si rotolerà in avanti come mostrato nella figura 6-3. Praticandolo ripetutamente, è finalmente possibile alzarsi nella stessa posizione dopo la caduta. Pertanto, puoi esercitarti ripetutamente a cadere andando avanti e indietro.

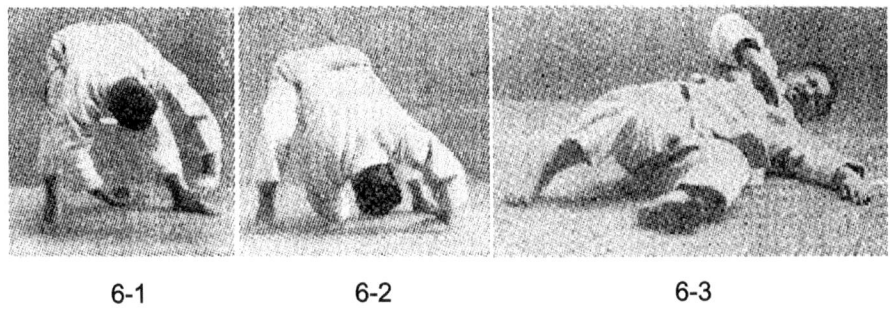

6-1   6-2   6-3

La tecnica successiva è quella di cadere su un fianco: le dita della mano sul lato di caduta sono posizionate sul tatami a 45 gradi verso l'interno come nell'esempio precedente, piegando il gomito appoggiandosi al corpo. Se rimane della forza, gira a faccia in giù ruotando il corpo e posizionando l'altra mano sul tatami come nell'immagine 7. Se ti risulta difficile capovolgerti, gira al contrario e sdraiati sulla schiena appoggiandoti al tappetino con l'altra mano per evitare che il corpo colpisca il tatami.

Tutta questa conoscenza si deve tenere in conto quando si passa alla pratica. Adesso puoi iniziare a praticare il Randori, ma la regola base di questo sport - prima di esercitare movimenti intensi - è di effettuare il riscaldamento esercitando un'attività fisica equilibrata. Solamente con il Randori non potrai apprendere l'*Atemi Jutsu* (l'arte di colpire), ecco perché è bello praticare *Atemi* allo stesso tempo. La pratica individuale dell'educazione fisica nazionale per la massima efficacia (*Tandoku renshu di Seiryoku zenyo kokumin taiiku*) è un insieme di regole di base dell'educazione fisica e della pratica del metodo *Atemi*.

Quindi ricorda, prima di iniziare il Randori devi praticare *Atemi*.

7

CAPITOLO 7

TANDOKU RENSHU-SEIRYOKU ZENYO KOKUMIN TAIIKU

TANDOKU RENSHU-SEIRYOKU ZENYO KOKUMIN TAIIKU

Studieremo la pratica in solitario dell'educazione fisica nazionale per la massima efficienza fisica e mentale, ma prima spiegherò una cosa imprescindibile sul quale sia l'uso di questa massima efficienza fisica e mentale.

In precedenza, ho detto che il judo è il modo di usare la mente e il corpo con la massima efficienza e che la condotta umana nella società deve sempre avere buona volontà ed efficienza. Quindi, devi usare la forza della mente e del corpo per il bene con la massima efficienza o quello che sarebbe lo stesso, il *zenyo seiryoku*. Ciò induce automaticamente le persone a svolgere un'attività efficace ed a non usare alcuna forza inutile. Se stai cercando di convincere un gruppo a svolgere tale attività, devi organizzare bene l'unità e devi ammorbidire le relazioni tra le persone di quel gruppo.

Adattando questa teoria a una nazione - che è il gruppo più numeroso - questa deve avere un centro. Il centro di ciascuno di essi non può essere considerato lo stesso, se si tiene conto delle loro storie e delle loro varie circostanze. Tuttavia, un paese che come il nostro ha il sistema di successione della casa imperiale, il modo migliore per unificare è, precisamente, attraverso quest'ultima. Nella nostra moralità nazionale dobbiamo attribuire maggiore importanza al rispetto della casa imperiale e questo non è solo dovuto alla tradizione o al sentimento, ma c'è anche una chiara ragione in questa semplice teoria: Sebbene la casa imperiale sia il centro della nazione, se ci sono controversie tra ciascuno degli individui, questi non possono essere moralmente unificati e quindi è impossibile organizzare un atto di conciliazione.

Pertanto, non possono sfruttare la forza della mente e del corpo con la massima efficienza e volontà nel gruppo. La soluzione sarebbe per ciascuno di questi individui è quella di una evoluzione in maniera da potersi aiutare a vicenda ai fini del miglioramento di entrambe le parti. In caso di controversia, entrambe le parti perderanno sempre qualcosa, quindi nel momento in cui si aiutano e si concedono reciprocamente, entrambe le parti traggono sempre beneficio sebbene inizialmente una di esse perda qualcosa. Nei movimenti dei lavoratori o nelle controversie tra proprietario terriero e lavoratori a giornata, perdono entrambe le parti perché non sono in grado di mettere in atto questa teoria. Quasi tutte le controversie nel mondo di oggi potrebbero essere risolte con questo ragionamento.

Quindi, che tu sia un individuo, una nazione o qualsiasi gruppo, se pensi di raggiungere il tuo obiettivo dovrai usare la tua forza più imperiosa. Quando si parla di aumento della produttività, della gestione scientifica delle aziende, della modernizzazione delle fabbriche, ecc., tutto deve essere incluso nella teoria dell'uso del corpo e della mente con la massima efficienza.

Lo sport nazionale più efficace nasce da questo pensiero e la sua pratica fa crescere lo spirito radicato verso quello stesso atteggiamento.

Successivamente presenterò la spiegazione nella relazione tra la massima efficienza fisica e mentale e lo sport nazionale (educazione fisica). Esistono diversi modi per esercitare lo sport nazionale è l'ideale dovrebbe essere sfruttare al massimo il corpo e la mente. Molti tipi di sport nel mondo hanno i loro obiettivi e sono tutti validi, ma lo sport nazionale deve essere facile da svolgere per tutti, altrimenti non sarebbe valido.

Ad esempio, se è necessario luogo di grandi dimensioni, l'uso di macchinari ed elettrodomestici, se è necessario l'uso di indumenti speciali, ecc., non funzionerebbe per le la maggior parte delle persone. L'esercizio che le persone devono fare non ha bisogno di un ampio spazio e può essere fatto individualmente, senza macchine o utensili, il modo di eseguirlo non dovrebbe essere duro e deve far sviluppare il corpo in modo uniforme. Questo sarebbe lo sport nazionale ideale. Ma il suo punto negativo è che manca di interesse in quanto non ha un senso equilibrato di ogni movimento né l'utilità è alla base dei tre fattori fondamentali: rafforzamento, salute e utilità. La comunione di uno sport nazionale ideale sarebbe la creazione di un esercizio in cui i punti negativi possano essere corretti grazie a quelli positivi.

Al fine di coprire questi punti negativi, è stato creato lo sport nazionale di massima efficienza fisica e mentale. È diviso in due parti: tipo attacco-difesa (*bujutsu*), come una danza. L'attacco-difesa serve a rafforzare ragionevolmente il corpo, colpendo, calciando, spingendo e praticando l'arte dell'attacco e della difesa, come indica lo spirito per cui è stato concepito. A sua volta, è diviso in due parti: pratica in solitario e pratica col partner. All'interno di quest'ultimo troviamo due sottotipi: *kime* e *ju*.

Questo esercizio consente di raggiungere i tre obiettivi dello sport sopra menzionati: rafforzamento, salute e utilità poiché con esso il corpo viene adeguatamente rafforzato e viene appreso il *bujutsu* oltre ad ottenere l'allenamento della mente che è una pratica essenziale. In linea di principio, questo sport nazionale - o educazione fisica - è stato creato sulla base della massima efficienza fisica e mentale, quindi durante l'esercizio fisico, tieni sempre a mente questi concetti come base per lo spirito ed esegui tutti i movimenti con vera forza interiore. La pratica in solitario inizia in posizione eretta, nella posizione naturale, come nell'immagine:

体 然 自

1. Hidari mae naname ate: metti il dorso del pugno destro rivolto verso destra, portalo sotto il petto destro all'altezza delle spalle come nell'immagine 1 e tira il pugno a 45 gradi. Fissare lo sguardo sul pugno.

2. Migi ate: colpisci il suo lato destro con il pugno, il dorso della mano rivolto verso l'alto alla stessa altezza della spalla come in figura 2. Fissare lo sguardo sul pugno.

3. Ushiro ate: apri il pugno e metti il palmo rivolto verso l'alto, posiziona il gomito sul lato destro, porta indietro il gomito come nella figura 3.

4. Mae ate: il dorso del pugno destro rivolto verso l'alto, all'altezza delle spalle, tira il colpo in avanti come nell'immagine 4.

5. Ue ate: posiziona il pugno sul petto a destra, il dorso della mano verso l'esterno, inclinando leggermente il collo a sinistra, tira il colpo appena sopra la testa come nell'immagine 5. Fissare lo sguardo sul pugno.

Ora gli stessi movimenti vengono esercitati con la mano sinistra e quindi ripetiamo più volte cambiando mano. Al termine, tornare alla posizione naturale (shizen hontai). Questi esercizi da 1 a 5 sono chiamati goho ate.

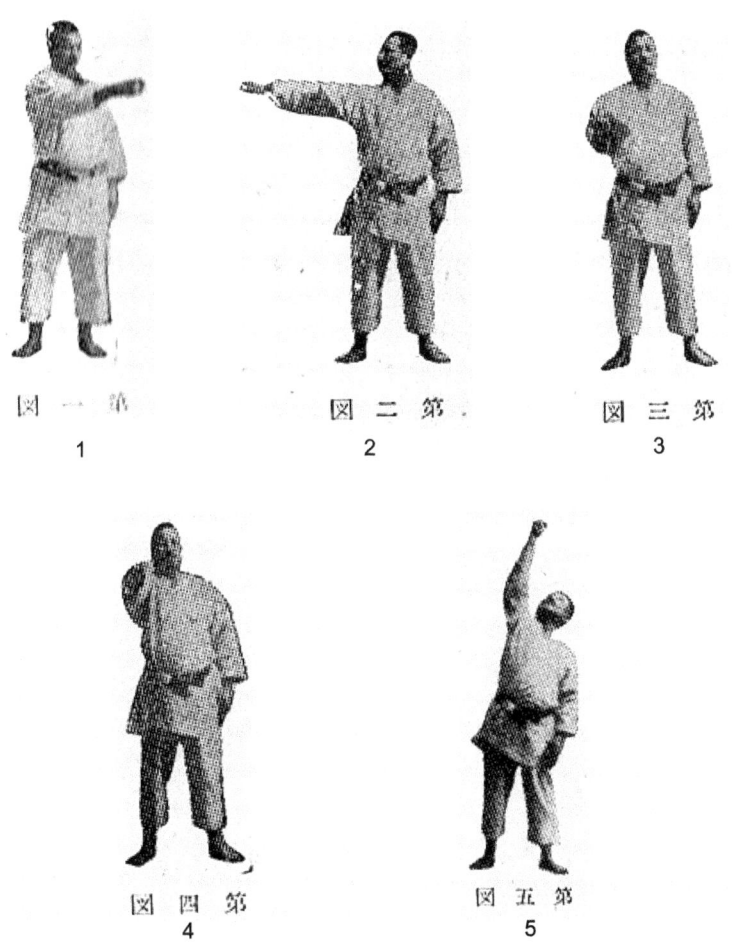

6. O hidari mae naname ate: fai un grande passo con il piede destro in avanti e il sinistro obliquo di 45 gradi, allo stesso tempo dai un colpo a sinistra e in avanti come nell'immagine 6. Fissare lo sguardo sul pugno.

7. O migi ate: con lo stesso piede destro, spostalo a destra, colpisci il lato come nell'immagine 7. Fissa lo sguardo sul pugno.

8. O ushiro ate: con lo stesso piede destro, facendo un grande passo indietro, dai un colpo all'indietro con il gomito, come nell'immagine 8.

9. O mae ate: con lo stesso piede destro, fai un grande passo in avanti, colpisci in avanti come nell'immagine 9. Fissa lo sguardo sul pugno.

10. O ue ate: con lo stesso piede destro ritorna nella posizione naturale della postura (shizen hontai), piegando leggermente le ginocchia e saltando come nell'immagine 10, colpendo verso l'alto. Fissare lo sguardo sul pugno.

Ora esegui gli stessi movimenti con la mano sinistra, ripetendola più volte cambiando le mani. Quando hai finito, torna alla postura naturale. Tuttavia, o ue ate può anche essere eseguito stando in punta di piedi invece di saltare.

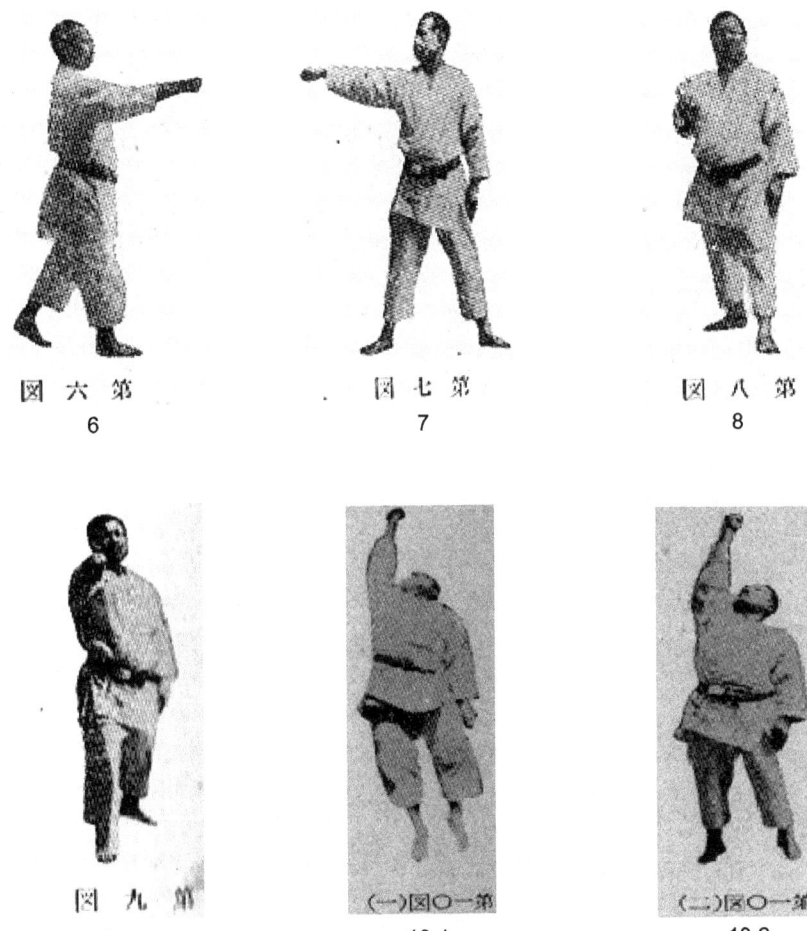

11. Mae geri: spostando il peso sul piede sinistro, piegando leggermente il ginocchio destro e inarcando la punta destra, dare un calcio con la base delle dita del piede destro all'altezza del ginocchio. Fissare lo sguardo sulla punta del piede.

12. Ushiro geri: piegando bene il ginocchio destro e posizionando la coscia in orizzontale, posizionando il tallone parallelamente al suolo, sferrare un calcio verso dietro come nell'immagine 12.

13. Hidari mae naname geri: mettendo lo stesso piede destro, calcia a sinistra e avanti, inclinandoti di 45 gradi come nella figura 13. Fissare lo sguardo sulla punta del piede.

14. Migi mae naname geri: con lo stesso piede destro che ritorna all'esterno della gamba sinistra, calcia a destra e avanti inclinandoti di 45 gradi come nell'immagine 14. Fissare lo sguardo sulla punta del piede.

15. Taka geri: ritirare un poco lo stesso piede destro dalla postura naturale, senza toccare il suolo, dare un calcio alto in avanti. Fissare lo sguardo sulla punta. Quindi ripetere gli stessi esercizi con il piede sinistro più volte e tornare alla postura naturale.

Dalle 11 alle 15 si chiamano goho geri.

第一一図
11

第一二図(表)
12-1

第一二図(裏)
12-2

第一三図
13

第一四図
14

第一五図
15

16. Kagami migaki (lucidare lo specchio): allungando entrambi i gomiti su entrambi i lati, sollevando le braccia, mettendo i palmi delle mani uno sopra l'altro come nell'immagine 16-1, muovendo le mani in cerchio come se stessimo lucidando uno specchio (Immagine 16-2) e ripeterlo alcune volte. I palmi delle mani sono posizionati avanti e indietro e uno sopra l'altro. Ora ripeti lo stesso cambiando la direzione del giro. Dopo aver ripetuto alcune volte, torna alla postura naturale.

17. Sayu uchi (colpire a sinistra e a destra): metti le mani con i pugni chiusi davanti al petto come nella figura 17-1, apri rapidamente le braccia su entrambi i lati, colpisci entrambi i lati come nella figura 17-2 e raccogli braccia al petto senza forza. Ripeti l'esercizio alcune volte e torna alla posizione naturale.

16-1   16-2   17-1   17-2

18. Zengo Tsuki (colpire avanti e indietro): posiziona i pugni all'altezza del petto, quasi toccando il corpo come nella figura 18-1. Dai un colpo con entrambi i pugni in avanti aprendo le mani con i palmi rivolti verso l'alto, poi dai un colpo indietro con i gomiti. Colpisci avanti e indietro esercitandoti più volte, quindi abbassa le braccia e torna alla posizione naturale.

19. Ryote ue tsuki (colpire in alto con 2 mani): i pugni con il dorsi rivolti verso l'esterno, portarli all'altezza del petto, guardando verso l'alto, colpire verso l'alto con i pugni come nella figura 19. Quindi abbassare le braccia. Ripeti alcune volte.

18-1   18-2   18-3   19

20. O ryote ue tsuki (colpisci con 2 mani verso l'alto): fai lo stesso movimento del ryote ue tsuki ma saltando come nell'immagine 20-1. A volte è consentito stare in punta di piedi invece di saltare, come nell'immagine 20-2.

21. Sayu kogo shita tsuki (alternare pugni, destra-sinistra e verso il basso): alzando il pugno destro verso il lato del collo il più in alto possibile nell'immagine 21-1, inclinando il busto verso destra, dai un pugno verticale sul lato destro e verso il basso come nell'immagine 21-2. Nel frattempo, il pugno sinistro sale vicino al petto. Quindi piegando il busto a sinistra, con il pugno sinistro, ripetere lo stesso movimento alcune volte e poi ritorna alla posizione naturale.

22. Ryote shita tsuki (colpo verso il basso con entrambe le mani): solleva i pugni lungo il corpo fin sotto il petto come nell'immagine 22-1, sollevando i talloni e piegando le ginocchia, dare un colpo con i pugni verso il basso come in immagine 22-2. Quindi tornare alla posizione 22-1. Ripeti alcune volte.

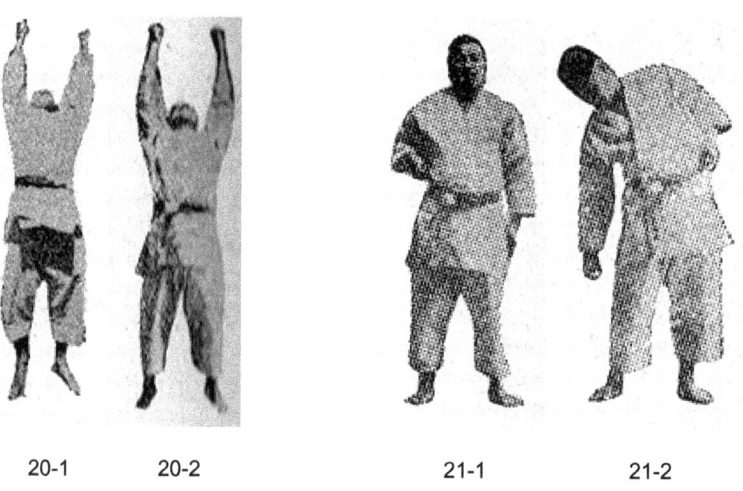

20-1   20-2   21-1   21-2

22-1   22-2

23. Naname ue uchi: mettendo le dita della mano destra distese, la alziamo al livello della spalla sinistra con il dorso verso l'alto e colpiamo con la mano a spada (te gatana) verso l'alto e obliquo a destra. Lo sguardo fisso sulla mano destra. Quindi abbassare la mano destra e allo stesso tempo sollevare la mano sinistra all'altezza delle spalle e sferrare lo stesso colpo con la mano sinistra. Ripeti questo esercizio alcune volte e torna alla posizione naturale.

24. Naname shita uchi: come in naname ue uchi, mettendo la mano destra vicino alla spalla sinistra a spada (te gatana) colpendo verso il basso e obliquo a destra. Lo sguardo fisso sulla mano che colpisce. Quindi avvicina la mano sinistra vicino alla spalla destra e colpisci verso il basso e obliquo a sinistra. Ripeti alcune volte e torna alla posizione naturale.

25. O naname ue uchi: mettendo le dita della mano destra distese, le portiamo fino al livello della spalla sinistra, mettiamo il piede sinistro in punta di piedi, allunghiamo bene le braccia e il corpo, colpiamo verso l'alto e obliquo-destra.

Lo sguardo fisso alla mano che colpisce. Quindi, con la mano sinistra allo stesso modo, verso l'alto e obliquo-sinistra. Ripeti alcune volte e torna alla posizione naturale. C'è anche il seguente modo: Senza cambiare la postura naturale, avvicina la mano destra al petto a sinistra, gira il busto all'indietro e a destra il più possibile, colpisci verso l'alto e indietro obliquamente. Il tuo sguardo fissò sul colpo. In questo caso, la mano sinistra si sposterà nella parte destra dell'addome.

Quindi, allo stesso modo, colpisci verso l'alto e indietro obliquamente.

Ripeti alcune volte e torna alla posizione naturale.

23   24   25

26. Ushiro sumi tsuki: con il piede sinistro come asse, ruotiamo il tallone del piede destro verso destra senza muovere la punta, ruotando il corpo sufficientemente a sinistra, alzando il pugno destro vicino alla mascella, colpendo indietro e nell'angolo sinistro (immagine 26). Fissa lo sguardo sul colpo. Quindi torna con il piede destro al tuo posto e fai lo stesso movimento con il pugno sinistro. Ripeti alcune volte e torna alla posizione naturale.

27. Ushiro uchi: scrivi un grande cerchio con il pugno destro davanti al corpo, gira il corpo ed il collo verso destra, colpendo all'indietro come nell'immagine 27. Fissa lo sguardo sul colpo. Quindi riportare il corpo nella posizione iniziale e allo stesso modo colpire con il pugno sinistro verso dietro.

Ripetere l'operazione su entrambi i lati alcune volte e tornare alla postura naturale.

26   27

28. Ushiro tsuki, Mae shita tsuki: mettendo il dorso delle mani rivolto in avanti, alzare le mani all'altezza del torace come nell'immagine 28-1, inarcando il busto sferrare un colpo verso dietro passando vicino alle orecchie e posizionando i pugni con il dorso all'insù come nell'immagine 28-2.

Quindi indietreggia il corpo e apri i gomiti con il dorso delle mani rivolto in avanti, piegando il busto in avanti, dai un colpo con entrambi i pugni verso il basso come nell'immagine 28-3.

Ripeti questo movimento alcune volte e torna alla posizione naturale.

28-1

28-2

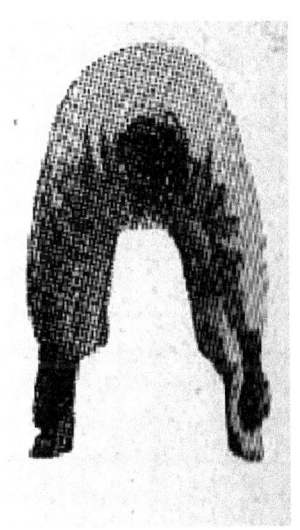

28-3

CAPITOLO 8

WAZA, VARIETÀ DI ATEDOKORO E KYUSHO

WAZA, VARIETÀ DI ATEDOKORO E KYUSHO

Le tecniche di judo sono divise in tre parti: nage waza, katame waza e ate waza.

Il nage waza comprende una serie di tecniche per rompere la posizione difensiva che l'avversario cerca di mantenere e farlo cadere a terra. C'è una grande varietà, che può essere divisa in due gruppi: tachi waza e sutemi waza. Il primo, inoltre, è diviso in te waza, koshi waza, ashi waza e il secondo in ma sutemi waza e yoko sutemi waza. Inoltre, tutti i waza usano mani, piedi e la cintura. Un punto importante è il movimento inclinato a metà della cintura, ecco perché l'ho diviso in questo modo.

Katame waza significa controllare e impedire la libertà dell'avversario immobilizzando, strangolando e torcendo o piegando le articolazioni ed è diviso in osae waza, shime waza e kansetsu waza.

In terzo luogo, ate waza o atemi waza vengono utilizzati per impedire, ostacolare la libertà o causare la morte dell'avversario, colpendo, tagliando, calciando, ecc., i punti vitali ed è anche suddiviso in ude ate e ashiate (che a sua volta anche sono divisi in altri gruppi). Ude ate significa colpire con una parte di ude (braccio) e ashiate significa colpire con una parte di ashi (gamba).

Inserirò tutto questo nell'elenco seguente.

NAGE WAZA

- **TACHI WAZA**
  - **TE WAZA** — SEOI NAGE, TAI OTOSHI, SOTO MAKIKOMI, KATA GURUMA, ETC
  - **KOSHI WAZA** — UKI GOSHI, HARAI GOSHI, O GOSHI, HANE GOSHI, TSURI KOMI GOSHI, UTSURI GOSHI, ETC
  - **ASHI WAZA** — HIZA GURUMA, SASAE TSURIKOMI ASHI, OKURI ASHI BARAI, O SOTO GARI, DE ASHI HARAI, KO SOTO GARI, KO UCHI GARI, HARAI TSURIKOMI ASHI, O UCHI GARI, UCHI MATA, ETC
- **SUTEMI WAZA**
  - **MA SUTEMI WAZA** — SUMI GAESHI, TOMOE NAGE, URA NAGE, ETC
  - **YOKO SUTEMI WAZA** — UKI WAZA, TANI OTOSHI, ETC

KATAME WAZA

- **OSAE WAZA** — KESA GATAME(2), KATA GATAME, KAMI SHIHO GATAME, YOKO SHIHO GATAME, KUZUREUE SHIHO GATAME, ETC
- **SHIME WAZA** — KATA JUJI JIME, HADAKA JIME(2), OKURI ERI JIME, KATA HA JIME, GYAKY JUJI JIME, ETC
- **KANSETSU WAZA** — UDE GARAMI, UDE HIJI JUJI GATAME, UDE HIJI ZEMBAKU GATAME, UDE HIJI HIZA GATAME, UDE HIJI WAKI GATAME, ETC

ATE WAZA

- **UDE ATE**
  - **YUBISAKI ATE** — TSUKI DASHI, RYOGAN TSUKI, ETC
  - **KOBUSHI ATE** — NANAME ATE, YOKO ATE, UE ATE, TSUKI AGE, SHITA TSUKI, UCHI OROSHI, USHIRO TSUKI, USHIRO SUMI TSUKI, TSUKAKE, YOKO UCHI, USHIRO UCHI
  - **TE GATANA ATE** — KIRI OROSHI, NANAME UCHI, ETC
  - **HIJI ATE** — USHIRO ATE, ETC
- **ASHI ATE**
  - **HIZA GASHIRA ATE** — MAE ATE, ETC
  - **SEKITOU ATE** — NANAME GERI, MAE GERI, TAKA GERI, ETC
  - **KAGATO ATE** — USHIRO GERI, YOKO GERI, ETC

ATE DOKORO - ATEMI WAZA

Le seguenti immagini corrispondono alle armi del corpo più utilizzate per applicare atemi waza o mangiarlo.

Tsukidashi o Tsukide: Atemi con la punta del dito medio.
Ryogan tsuki o Ryome tsuki: Atemi con la punta del medio e l'anulare.
Horyu: Atemi con l'area morbida alla base del pugno.

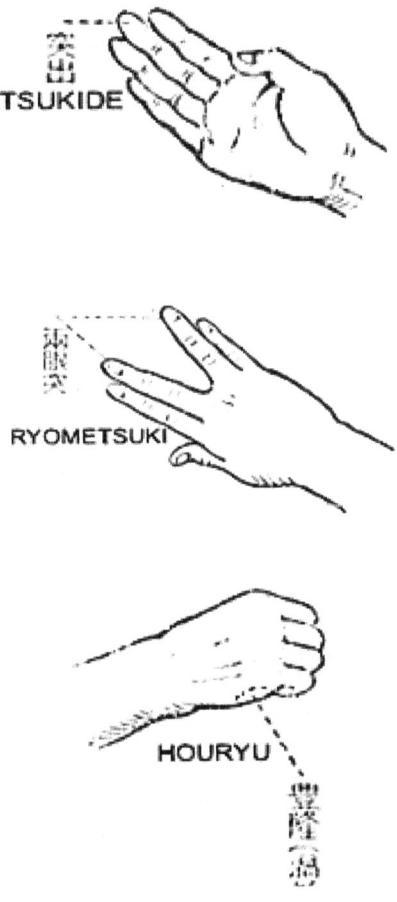

Kobushi (pugno): ci sono due aree da colpire con:
- 1- Le ossa della base dell'indice e del medio
- 2- Le ossa della seconda articolazione di quelle stesse dita.

Te gatana (mano della spada): è l'area vicino al mignolo della mano, la parte in cui è più morbida (bordo del palmo vicino al mignolo).

Hiji (gomito): la zona di attacco del gomito è il punto centrale dell'osso del gomito.

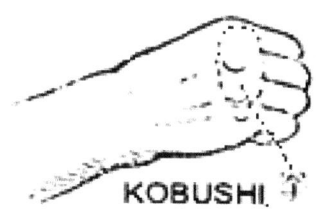

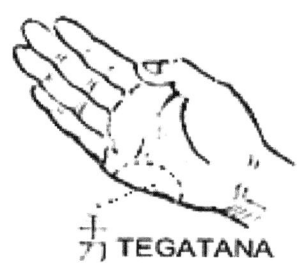

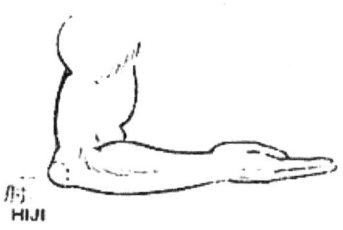

Hiza gashira (ginocchio): l'area dello sciopero del ginocchio è con la parte più vicina al femore dell'osso del ginocchio.

Sekito (parte anteriore della pianta del piede): viene colpito con la parte vicino alle 2 dita grandi della pianta del piede.

Kakato (tallone): L'area da colpire con il tallone è proprio dove il tallone colpisce il terreno.

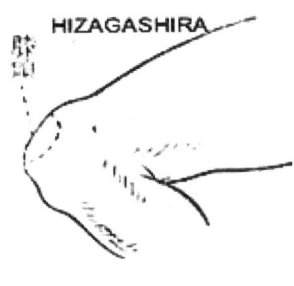

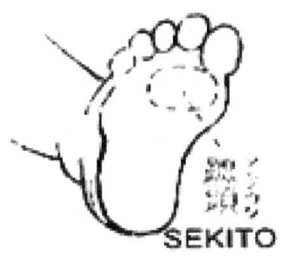

KYUSHO

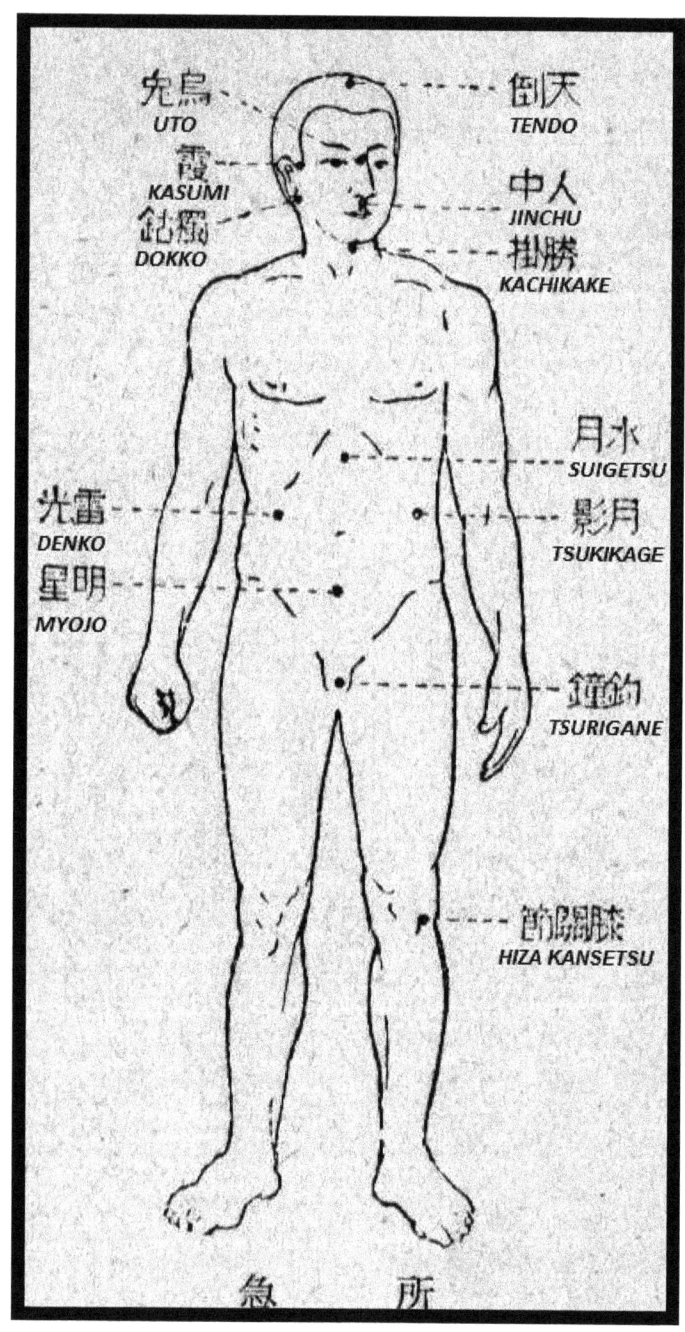

PUNTI VITALI

1) Tendo: bregma
2) Kasumi: templi
3) Uto: tra gli occhi
4) Dokko: mastoidi
5) Jinchu: base nasale
6) Kachikake: mento
7) Suigetsu: plesso solare
8) Tsukikage o getuei: ipocondrio sinistro
9) Denko: ipocondrio destro
10) Myojo: ipogastrio
11) Tsurigane: testicoli
12) Hiza kansetsu: articolazione del ginocchio

CAPITOLO 9

RANDORI SHOWAZA, NAGUEWAZA 1

RANDORI SHOWAZA, NAGUEWAZA 1

Come ho detto nei capitoli precedenti, finora ho mostrano a grandi linee gli argomenti sulle cose che devi sapere prima di iniziare il Randori e sui preparativi per eseguire la tua pratica. Da questo momento, praticheremo davvero il Randori il cui obiettivo principale è, congiuntamente, l'allenamento della mente e del corpo per essere più sani, forti e per divenire utili in ogni circostanza. Quindi cerca di non forzare il tuo corpo a causa di un eccessivo interesse a combattere esclusivamente. Per fare ciò, si devono praticare sufficientemente il metodo avanti e indietro e la pratica di ukemi.

Attualmente, sembra che la pratica di avanzare e retrocedere in generale sia insufficiente e vi sia la tendenza a cercare lo squilibrio dell'avversario e cercare di sconfiggerlo eseguendo una waza. Stando fermi e non in movimento, nel tentativo di sbilanciare l'avversario, egli potrebbe intuire l'intenzione e questo lo porterebbe a prendere una posizione difensiva e quindi sarebbe più difficile eseguire waza naturalmente. Se provi a far perdere l'equilibrio del tuo avversario avanzando e poi tirando, puoi naturalmente eseguire waza senza che il tuo avversario si renda conto della perdita di equilibrio. Devi esercitarti abbastanza in ukemi perché la pratica di waza all'interno del Randori possa essere eseguita in sicurezza. I principianti spesso danno meno importanza alla pratica dell'avanzare e retrocedere per l'interesse di apprendere tante waza il prima possibile. Tuttavia, in questo modo, non è possibile prevedere grandi progressi. Non sempre la cosa più importante è ciò che ci piace o che ci interessa di più in quel momento.

Per ottenere un buon risultato, è necessario sopportare il dolore o avere pazienza poiché, cercando cose facili - o esclusivamente per l'interesse - è difficile che si abbia successo. Devi pensare che è proprio questa la chiave del successo nella vita. Le waza adatte sono: Hiza guruma, Sasae tsurikomi ashi, De ashi barai, Okuri ashi barai e o soto gari, scelti per ció che anteriormente ho spiegato.

1-Hizaguruma Si inizia con uke e tori nella posizione naturale, faccia a faccia, per portarsi nella posizione naturale destra, come immagine 1-1, tori ritira il corpo insieme al piede sinistro con un grande passo indietro continuando con il piede destro muovendo Tsugi ashi nella stessa direzione, cercando così di indurre uke in migi mae sumi. Quindi uke fa avanzare il piede destro con il corpo e continuando con il piede sinistro continua ad avanzare nella stessa direzione nello tsugi ashi e cerca di mantenere la posizione di partenza. Uke e Tori si ripetono lo stesso movimento e alla terza volta tori tira più forte cercando di sbilanciare.
çQuindi Uke cerca di proteggersi mettendosi nella posizione di jigotai, a questo punto Tori mette la pianta del piede sinistro fuori dal ginocchio destro di Uke come nell'immagine 1-2. Ruotando il corpo e spingendo un poco con la mano destra, tiriamo forte con la mano sinistra e facciamo cadere uke come in figura 1-3. In quel momento, Tori tira la manica di Uke con la mano sinistra per aiutare uke a cadere facilmente. Uke colpisce il tatami quando cade, come ho spiegato prima nell'ukemi ushiro. Lo pratica quindi con la postura naturale sinistra (hidari shizentai).
Questo è il metodo più corretto, ma se lo trovi difficile puoi andare direttamente al punto 3 cioè quando provochi la caduta e quando lo

hai fatto sufficientemente, la cosa migliore e conveniente è tornare al punto 1 per esercitarti nell'ordine corretto. Anche per esercitarti in avanti-indietro, devi ripeterlo dozzine di volte prima di cadere. Se dai maggiore importanza alla pratica delle cadute, eseguirai meno avanti-indietro. Tuttavia, ripetendolo in questo modo, devi evitare di resistere alle cadute. Quando ricevi un waza, è meglio cadere facilmente con la pratica ukemi. È meglio esercitarsi nel mettere la resistenza per non cadere dopo aver bene appreso le tecniche ukemi. Per i principianti la cosa migliore è esercitare hiza guruma in questo modo. Quando avranno più esperienza potranno eseguire questo waza sul ginocchio della gamba posteriore o eseguirlo tirando l'avversario, ecc. ma ora è meglio imparare altri waza e quando otterremo un grado più elevato, approfondiremo ciascuna con maggiori dettagli.

1-1   1-2   1-3

2-Sasae tsurikomi ashi: Proprio come hiza guruma, inizia posizionandosi frontalmente spostandoci alla posizione naturale destra come nell'immagine 2-1 mentre tori ritira il corpo con il piede sinistro e anche il piede destro si ritira in tsugi ashi, cercando di spostarsi in avanti e verso l'angolo destro. Quindi, uke cerca di resistere per non sporgersi dalla spinta - mantenendo la postura - avanzerà verso la spinta con il suo corpo e il piede destro. Anche il piede sinistro nella stessa direzione nello tsugi ashi. Uke e Tori ripetono la stessa cosa ancora una volta. La terza volta, Tori tira forte e allo stesso tempo mette la pianta del piede sinistro vicino alla caviglia destra di Uke, inarcando il suo corpo indietro e un poco a sinistra, spinge con la mano destra tirando forte con la mano sinistra. *Uke* si ritroverà allungato come immagine 2-3. Cadendo, Uke colpisce il tappeto con la mano sinistra, come ho spiegato in precedenza in ukemi. Poi, cambiando il lato della postura naturale, continua a praticare lo stesso. "Questa waza era una specialità del signor Yoshiaki Yamashita e dimostrò la sua efficacia quando si tennero combattimenti con i maestri veterani della centrale di polizia di Tokyo intorno all'anno 20 dell'era Meiji."

2-1   2-2   2-3

3-Da ashi harai: Come nella waza precedente (hiza guruma e sasae tsurikomi ashi), uke e tori sono nella posizione naturale destra come nell'immagine 3-1 tori ritira il corpo e il piede sinistro con un grande passo seguito dal piede destro in tsugi ashi e cerca di portare avanti nell'angolo destro a uke Uke fa un passo avanti con i suoi piedi sinistro e destro nello tsugi ashi nella stessa direzione per cercare di mantenere la posizione. Uke e Tori lo ripeteranno ancora una volta ed alla terza Tori tira più forte per forzare la sua posizione. Il piede destro viene solitamente posizionato a sinistra, non come nel caso di Hizaguruma e Sasae Tsurikomi Ashi. Quindi, tori posiziona il piede sinistro e posiziona la pianta del piede nella parte inferiore della caviglia destra di Uke ed allo stesso tempo tori tira verso il basso la manica che tiene con la mano sinistra come nell'immagine 3-2. Quindi, uke cade colpendo il tappetino con la mano sinistra. In questo momento, per evitare che Uke cada pesantemente, Tori tira la manica di Uke con la mano sinistra. Come ho detto in precedenza, alla terza volta Tori fa cadere uke, anche se per allenarti bene è meglio ripeterlo dozzine di volte prima di far cadere Uke. C'è una cosa importante: trovare il momento giusto per fare la spazzata. Fare una spazzata accurata significa rimuovere la gamba d'appoggio che uke mette per non cadere.

Quindi, quando il suo piede non tocca ancora il tappetino ed il peso non è ancora su quel piede è inutile fare la spazzata, tantomeno non è ideale spazzare perchè il suo peso è già tutto sul tappeto. Il momento migliore si verifica quando uke sta muovendo il suo peso, passando da un punto d'appoggio ad un altro ed è molto vicino al nuovo.

Fai attenzione a non urtare le caviglie. Per evitare ciò, prova a spazzare con la pianta del piede spalancata e spazzare con la parte vicino alla punta del piede ben sotto la caviglia dell'avversario. Nel caso presentato qui, il waza è efficace perché Uke va spostando il piede verso l'interno, ma non sempre va in questo modo. Se uke sposta il piede naturalmente, in questo caso, tori sposta il corpo ed il piede destro a sinistra, con la mano destra afferra il bavero e con la mano sinistra afferra la manica e tira verso l'angolo destro posteriore a Uke. In questo modo, la relazione tra uke e tori sarà che uke arriva con il piede destro verso l'interno e in avanti - che è la stessa posizione del caso precedente e, con la pianta del piede sinistro, tori spazza sotto la caviglia di Uke, come nella figura 3-2 / 3-3 e tira forte la manica verso il basso con la mano sinistra. In questo caso, è naturale applicare waza quando il peso dell'avversario è sul piede anteriore, poiché è meglio dare maggiore importanza allo sbilanciamento piuttosto che cercare il momento giusto.

3-1   3-2   3-3

4-Okuri ashi harai: Uke e tori, dalla posizione naturale, passano alla posizione naturale destra come nell'immagine 4-1, sollevando l'avversario con la mano destra e afferrando il bavero e spingendo il gomito con la mano sinistra. Quindi, uke si sposta verso un lato iniziando con il piede sinistro cercando di riguadagnare la posizione che stava perdendo. Ripeti questo movimento tre volte. Quando uke muove il piede destro a sinistra inclinandosi a destra, all'improvviso, tori agisce, tira sollevando il bavero e con la pianta del piede sinistro spinge verso l'alto e con forza la caviglia destra, come nell'immagine 4-2, tira forte dalla manica nel centro esterno a destro e verso il basso. Quindi uke cade all'indietro colpendo il tappetino con la mano sinistra come nell'immagine 4-3. Dopo averlo praticato nella corretta posizione naturale, ripeterlo con la posizione naturale sinistra.

4-1   4-2   4-3

5-O soto gari: Uke e tori iniziano nella posizione naturale e cambiano nella posizione naturale destra. Tori prova a spostare uke verso l'angolo posteriore sinistro usando entrambe le mani, quindi uke si difende e cerca di tornare a sinistra, oppure, avanzando con entrambi i piedi, cerca di ritrovare la posizione. A questo punto, tori avanza con il piede sinistro verso l'esterno del piede destro di uke e colpisce il polpaccio destro nel punto posteriore esterno di uke con il polpaccio destro nel punto posteriore esterno di tori, come nell'immagine 5. La mano destra Afferra il bavero e spinge uke indietro verso l'angolo destro, la mano sinistra afferra la manica nel centro esterno e tira forte verso il basso.

A questo punto uke cade all'indietro, proprio come nelle tre waza precedentemente spiegate. Dopo aver praticato con la giusta posizione naturale, fallo con la posizione naturale sinistra. Fino ad ora Uke e Tori si sono esercitati da sinistra a destra ed ora puoi farlo anche cambiando Uke e Tori. Questo è l'ordine logico di apprendere le Waza, praticando tutte le situazioni in modo sufficiente. Il motivo per il quale raccomando di fare pratica, variando sempre il più possibile uke-tori e sinistra-destra, è principalmente dal punto di vista dell'educazione sportiva.

La pratica sbilanciata produce scarso sviluppo del corpo, correndo il rischio di danneggiare gli organi interni.

La pratica fisica del judo si basa sul bujutsu e sull'educazione fisica, quindi una maggiore importanza deve essere attribuita a uno sviluppo fisico equilibrato. Con i cinque waza che ho spiegato finora, hai imparato i modi per andare avanti e indietro, nonché eseguire waza e cadere all'indietro allo stesso tempo.

Quindi, prima di continuare a spiegare l'altra waza, devi praticare ripetutamente gli esposti precedentemente. Nelle spiegazioni di Waza, ho detto che dovrebbe essere fatto la terza volta preferibilmente, ma se si attribuisce importanza al rovescio, non è necessario farlo la terza volta, può essere ripetuto tutte le volte che si desidera.

5

6-Uki goshi (anca fluttuante): Uke e tori, iniziando dalla postura naturale di base, cambiano entrambi per prendersi la postura naturale destra: tori sposta il suo corpo a destra, tira il bavero sinistro di uke verso destra con la mano destra. Quindi, Uke si sporge e per cercare di impedirlo, mette il piede sinistro in avanti per riconquistare la sua posizione. A questo punto Tori fa scivolare l'anca e con la parte posteriore della schiena a destra si posiziona sotto la pancia di uke, come nell'immagine 6-1, mettendo la mano destra dietro Uke sulla parte superiore della cintura, inarcando il corpo, abbassando la spalla sinistra e piegando leggermente ginocchio destro. Uke lascia andare la manica per rendere più semplice l'esecuzione di Waza per Tori (perché questo non è un vero combattimento, bensì è apprendere). Uke riceve la spinta che cerca di restituire a sua volta e tori, sfruttando quella stessa forza, afferra uke per la cintura e lo tira a sé. Quindi i talloni di Uke si alzano leggermente ed il suo corpo finirà sopra tori come nella figura 6-2. Successivamente, Tori tira la manica di Uke con la mano sinistra, girando contemporaneamente il corpo nella stessa direzione in questo modo uke cade sul tatami. In questo Nage Waza, per i principianti, far cadere il corpo di Uke da una certa altezza può essere difficile. Pertanto, tori deve tenere la manica con la mano sinistra durante caduta, sollevando leggermente il corpo di Uke mentre lui colpisce il tappetino con la mano sinistra.

çQuesto waza, dopo averlo eseguito con l'anca destra, si pratica anche con l'anca sinistra e cambiando uke e tori. Questo è il modo di kake praticato dalla maggior parte, anche se ero solito eseguire il kake solo quando l'avversario sollevava naturalmente il suo corpo e metteva il piede parallelo al piede destro di Uke, mettendo la mia anca e la mia schiena sulla pancia e sul petto di Uke, rimuovendo il piede sinistro. Senza inclinare l'anca, la mano destra fa lo stesso del caso precedente, ruotando il corpo a sinistra tira forte la mano sinistra nella stessa direzione.

Nei primi anni della fondazione del Kodokan, c'era un discepolo di nome Shiro Saigo che era un esperto di Waza-Jutsu. Anche questa persona era molto abile in questo waza (uki goshi). A quel tempo, quando gli esperti di molte scuole in tutto il paese erano concentrati nella direzione generale della polizia di Tokyo, vinse diverse volte facendo shiai con questa. Ho anche avuto l'opportunità di eseguire questa Waza con una persona per strada, quando improvvisamente ha cercato di attaccarmi con una bottiglia di sake.

6-1　　　　　　6-2　　　　　　6-3

7-Harai goshi: *Uke* e *tori*, dalla postura naturale di base, passano alla postura naturale destra. *Tori* - nello stesso modo in cui ha fatto *guruma* e *sasae tsurikomi*-, lanciando 1–2 e alla 3° prova a eseguire *uki goshi* come nell'immagine 7-1 (nel caso di *uki goshi di* solito si mette una mano sull'anca, ma per fare *harai goshi* è più facile mettere la mano sotto l'ascella come si vede nell'immagine) mentre *uke* cerca di impedirlo uscendo con il piede destro in avanti. Per evitare che quel piede esca, *tori* mette fuori la gamba destra e con la parte posteriore della coscia esterna colpisce la coscia esterna anteriore di Uke, tirando allo stesso modo di *Uki Goshi* come in figura 7-2.

C'è un aneddoto che voglio includere in questa *waza* del Kodokan. Il signor Shiro Saigo era anche abile nel capire come fuggire da qualsiasi *waza*. La mia tecnica preferita era l' *uki goshi*, quindi non l'ho lasciato scappare facilmente anche se alla fine ha imparato a correre in avanti saltando perché l' *harai goshi è* usato per afferrare il piede che corre e quindi essere in grado di lanciarlo.

7-1

7-2

CAPITOLO 10

LA VERA PRATICA DI JUDO DEVE OSSERVARE IL GRANDE OBIETTIVO DI JUDO

LA VERA PRATICA DI JUDO DEVE OSSERVARE IL GRANDE OBIETTIVO DI JUDO

Finora ho spiegato come esercitarsi nel judo. La vera pratica è il modo per raggiungere l'obiettivo di allenamento, quindi, ripensando al vero obiettivo, ti devi esercitare ad adattarti ai tuoi obiettivi. Parte dell'obiettivo - come l'Educazione Fisica - è avere un corpo sano e forte ed essere utile nella vita reale. Avere una tale varietà di obiettivi lo rende superiore ad altri sport. La pratica del waza e l'educazione fisica della massima efficienza fisica e mentale, sono i metodi migliori per raggiungere il tuo obiettivo. Quindi devi cercare di ottenere il meglio da te stesso praticando e allenando. Normalmente, una persona mangia tre volte al giorno e tale assunzione di cibo ha senso quando quei pasti si trasformano in forza corporea e capacità mentale. Ma, nella maggior parte dei casi, parte del cibo viene sprecata inutilmente. La causa principale di ciò è dovuta all'assenza di sport o al fatto di praticarlo in modo improprio. Grandi quantità di cibo vengono perse invano nel paese, il che si traduce in miliardi persi ogni giorno. L'obiettivo della pratica di Waza e, soprattutto, dell'educazione fisica nazionale è trasformare questi rifiuti in forza per il Paese. L'educazione fisica comune è praticata solo in una parte del paese. Il motivo è, come ho già detto, perché è inadeguato ed ha bisogno di strutture (e anche senza strutture perde interesse o non trova il suo uso nella quotidiana).

Con la pratica del waza, del judo o dell'educazione fisica nazionale della massima efficacia, questo effetto non è apprezzato e l'interesse non viene perso se non dopo un certo tempo.

Quindi è bene praticarlo, anche se per un'ora, alla ricerca del momento ideale a scuola o in istituto. Se questo è difficile, è meglio esercitarsi per cinque o dieci minuti poiché questo sport si distingue per la possibilità che offre di praticare senza attenersi a un tempo specifico; è bene abituarsi a questo fin da piccoli. Spiegherò tutto ciò esponendolo in più sezioni.

10-1 Ciò che si apprende nell'allenamento serve per tutto. Se vengono acquisite le abitudini sopra descritte, non è necessario preoccuparsi della mancanza di esercizio fisico nella vita. È normale perdere un po' di tempo dicendo che cinque o dieci minuti non sono niente. Che si tratti di un individuo o di un gruppo, la causa che non ci lascia progredire bene è avere questo difetto. Il principio di pensare alla massima efficienza del corpo e della mente è stato usato per salvare la società da un tale erroneo modo di pensare. Pertanto, se riteniamo che questa dottrina sia in grado di propagare l'abitudine a non perdere tempo, consentirà loro di adottare un approccio sul come usare bene il tempo - anche se è breve - in cose utili ed arriveranno al punto in cui tutta la loro vita è adattata allo spirito della massima efficacia fisica e mentale. Se l'individuo si progredisce o no, se una nazione progredisca o no, dipenderà dalle persone che usano bene la mente ed il corpo e se lo fanno nella maniera corretta. Posso affermarlo. Pensando in questo modo, le buone o le cattive abitudini acquisite dall'infanzia influenzano in modo decisivo al buon risultato di tutta la vita. Nascere con buone speranze, ma senza usare le sue forze in modo efficace, non si otterrà molto nella vita. Avere molta fortuna, senza approfittare delle opportunità, non ti metterà nelle condizioni di ottenere nulla.

Quindi la cosa più importante è usare la tua forza con intelligenza. Ad esempio, non è bene mangiare molto o mangiare poco in tutti e tre i pasti al giorno. In passato, il cibo veloce era apprezzato, ma la cosa importante è masticare bene, quindi ricorda che non devi preferire la velocità con cui mangi, né tantomeno mangiare lentamente. Lo spuntino può essere preso, ma non in eccesso. A volte, lo spuntino impedisce di mangiare bene negli altri pasti causando una mancanza di vitamine e questo suppone un cattivo uso della mente e del corpo. Lo stesso vale per qualsiasi aspetto della vita quotidiana: nella pulizia quotidiana della mattina, per fare il letto, per mettere in ordine il tavolo, ecc. Per fare tutto, si deve pensare all'ordine del movimento e non si deve sprecare inutilmente la forza; pianifica di farlo rapidamente per far portarti avanti con i tuoi compiti. Agendo in questo modo, riuscirai a fare cose che prima non avresti potuto fare e avrai un sacco di tempo da dedicare alle cose utili come studiare o praticare sport, ampliando così le tue capacità. Questo è, in breve, l'uso della massima efficienza del corpo e della mente apportato dall'allenamento del judo.

10-2 Come dormire, riposare e studiare La cosa più importante per gli studenti è il modo di dormire, di riposare e di studiare. Durante il giorno, lavora per rafforzarti e mangia per guadagnare forza, e di notte dormi per riposare la mente e il corpo perché devono recuperarsi. Pertanto, devi riposarti sufficientemente, perché se dormi molto e senza limiti, l'orario di lavoro si riduce. Se vuoi riposare bene in un lasso di tempo normale, devi dormire profondamente. Cerca di dormire tranquillamente e senza preoccupazioni, non mangiare pesante né allenarti durante o non innervosirti poco prima di dormire. E ora, come studiare: la cosa più importante è programmare lo studio. È ideale conoscere il programma per il giorno successivo prima di andare a letto in modo che al mattino tu sia già a conoscenza delle cose da fare quel giorno per non perdere tempo. È necessario abituarsi mentalmente e fisicamente per lavorare continuamente e in questo caso è meglio farlo in un modo alternato, cambiando prima di stancarsi eccessivamente, questo è far buon uso della mente e del corpo. Se non è possibile alternare il mentale e il fisico, è meglio riposare di tanto in tanto perché altrimenti ci vorrà molto tempo per recuperare. Un po'di riposo migliora le prestazioni, anche se è necessario regolarlo perché altrimenti ridurrebbe il tempo di lavoro. Inoltre, è bene avere un tempo di riposo relativamente lungo una volta al giorno, questo ci aiuta ad aumentare la produttività, quindi si consiglia di divertirsi con qualcosa al di fuori del lavoro Ci sono molti tipi di divertimento e dovresti scegliere qualcosa di appropriato per la tua età e le circostanze.

Nel caso degli adulti, ad esempio, il giardinaggio o l'arte del bonsai, strumenti musicali, canto giapponese, ecc. Per gli studenti, prendersi cura di piante o animali se si ha abbastanza spazio, artigianato, giochi con compagni di classe, ecc. Tutto dipende dalle circostanze e dall'abitudine di ognuno, quindi non posso giudicare ciò che è buono e cattivo. Ma, senza dubbio, a chiunque lavori con la mente si consiglia di scegliere qualcosa che lo riposi e chiunque muova molto il corpo sarebbe l'ideale per scegliere qualcosa con lo stesso scopo di cui sopra. Chiunque sia all'aperto tutto il giorno opti per qualcosa in casa e se lavora in casa preferibilmente scelga di divertirsi all'aperto. Attività come leggere libri o lavorare su cose differenti sono particolarmente importanti per concentrare la mente. Quando le cose vengono fatte senza interesse, perdiamo tempo inutilmente e non avanziamo quanto concordato o previsto durante il giorno, prolungando così le cose da fare il giorno successivo. Se sono cose che possono essere fatte il giorno successivo, non ci sono problemi, ma cose come i compiti a casa e i compiti degli studenti non possono essere lasciati per un altro giorno. In breve, se la lezione progredisce e non viene appresa, andrà persa durante lo studio e influenzerà il punteggio dell'intera scuola, quindi pensa attentamente all'ordine e al programma di studio e assimila le conoscenze concentrando la mente durante le classi di ogni giorno. In questo modo, non solo otterrai un punteggio migliore, ma otterrai anche il privilegio necessario per raggiungere l'obiettivo finale dell'umanità.

10-3 Un esempio appreso da un amico. Quando studiavo alla Scuola Kaisei, che precede l'Università di Tokyo, nella mia classe c'era un personaggio di nome Naoji Shiraishi. Aveva buoni voti ed era sempre pronto per i suoi studi ogni giorno, ma non sembrava studiare senza sosta e quando gli amici andavano a fare una passeggiata, andava con loro e talvolta usciva persino nel patio. Quindi come mai stava ottenendo un buon punteggio? Perché ha approfittato molto bene dei piccoli momenti: quando c'erano momenti liberi di 5-10 minuti, studiava mentre gli altri chiacchieravano, quando avevamo un'ora buca per l'assenza di un insegnante, il signor Shiraishi stava studiando al suo banco mentre gli altri passavano invano il tempo. Era il motivo del suo buon punteggio.

Da quando me ne sono reso conto, ho concentrato tutta la mia attenzione sui piccoli spazi di tempo libero.

Anni dopo, sono arrivato a proporre la teoria dell'uso della mente e del corpo e della massima efficacia dall'indagine sul judo e anche dall'esperienza nella vita reale, come ho raccontato qui.

10-4 Come scegliere gli amici e relazionarsi con loro

Dal punto di vista dei principi di massima efficienza nell'uso della mente e del corpo, ci sono cose più importanti da apportare: uno di questi è come scegliere gli amici e relazionarsi con loro. Quelli della stessa classe e della stessa scuola sono tutti amici in senso lato, anche se con alcuni di essi si stabilisce una maggior contatto empatico, si parla dello studio e di ciò che si potrà ottenere dopo. È bello avere un'amicizia affidabile per darsi consigli l'un l'altro; pensa per lui e penserà a te, se fai qualcosa per lui e lui la farà per te. Questo è il significato dell'amicizia. Cosicché uno benefici dell'altro e deve fare in modo che anche l'altro ne tragga beneficio. Una relazione del genere non è frequente, se non con quella di un vero amico con il quale una volta instaurata una profonda e sincera amicizia risulterà piacevole coltivarla.

Pertanto, è importante scegliere gli amici. La cosa migliore sarebbe scegliere quelli che hanno similitudini con te o che hanno una famiglia similare. Quando la famiglia è di tipo diverso, a volte, fa la differenza nella maniera di pensare e rende difficile la relazione profonda e amichevole. Non si può essere veri amici se uno non si fida dell'altro, anche se l'altro lo fa. Come si può ottenere la fiducia dell'altro? Innanzitutto, dimostragli il tuo valore. Sii leale. Non dimenticare gli interessi dell'amico mostrandoti capriccioso o cercando solo il tuo interesse. Non essere bugiardo o sospettoso. Abbi sempre comprensione verso l'altro e sii pronto a far qualcosa quando ne ha bisogno. Devi avere la capacità di meritare il rispetto dagli altri. Studia bene, sii audace, sii un buon consigliere e così via. Queste sono alcune delle capacità. Una persona così, gli amici lo cercheranno senza che lui li cerchi. Quindi questo potrebbe essere il miglior modo per trovarli e conservarli.

Tutto quanto sopra è un ragionamento normale, ma non bisogna dimenticare di adattare l'uso della massima efficienza della mente e corpo. Gli amici spesso chiaccherano senza pensare al tempo che passa e queste conversazioni quasi sempre sono leggerezze. Per questo motivo, non dovrebbero influire sul tempo di lavoro o di studio dal punto di vista della massima efficienza. Devi anche esaminare ogni parola o discorso e verificare se si adattano al buon uso della teoria. Oltre a chiacchierare con gli amici puoi visitare altri luoghi. Ci sono luoghi di interesse culturale o semplicemente di divertimento, ci sono persino spazi in cui apprendi cattive abitudini. Non dovresti andare in posti cattivi, anche quando sei con amici fidati.

Quando la tua mente è stanca, come dopo aver studiato a fondo, è bene visitare luoghi di intrattenimento o cerca di apprendere cose utili in quelle occasioni.

Per fare escursioni con gli amici, allo stesso modo, si deve esaminare attentamente il luogo, il tempo, le spese, ecc. Devi evitare di spendere molti soldi o troppo tempo. Dovresti considerarlo, come sempre, un adattamento allo spirito della massima efficienza di mente e corpo.

10-5. Studenti e spese: Infine, c'è un'altra cosa a cui devi prestare attenzione, vale a dire spendere il meno possibile e sfruttare al meglio la vita degli studenti. Vedo studenti che non hanno una reale comprensione del denaro perché di solito dipendono dai genitori e non lo ottengono da soli. Sicuramente c'è chi guadagna soldi senza sforzo, ma la maggior parte lo ottiene lavorando onestamente e talvolta duramente. Quindi non dovresti spendere senza limiti anche se te lo sei guadagnato da solo. Anche se si tratta di un piccolo importo, per spenderlo, cura di ottenere il massimo beneficio da esso. Pensando in questo modo, puoi ottenere gli stessi benefici spendendo meno. Se si acquistano cose inutili gli altri ti prenderanno in giro se si spreca denaro senza considerazione si danneggerà la reputazione della propria famiglia, e questo è al di fuori del contesto della massima efficienza della mente e del corpo. Chiunque pratichi il judo non deve dimenticare per un solo momento l'uso della mente con la massima efficienza. Senza dimenticare questo, praticando l'educazione fisica o Randori, otterranno lo spirito di base da applicare a tutte le cose della vita.

Finora ho spiegato la teoria di base della pratica e la sua applicazione, da questo momento spiegherò la pratica relativa tra Randori e l'educazione fisica nazionale di massima efficacia.

CAPITOLO 11

RANDORI SHOWAZA, KATAMEWAZA, SHIBORIWAZA 1

RANDORI SHOWAZA, KATAMEWAZA, SHIBORIWAZA
1

Nel capitolo nage waza ho spiegato il metodo di effettuare (kakekata) e ricevere (ukekata) ma mancava il metodo di difesa (fuseguikata) perché per le classi inferiori dell'istruzione secondaria sono importanti i seguenti tre punti:
- Avanzare e tornare indietro senza cambiare posizione,
- Esegui Waza correttamente
- Cadi bene quando ricevi Waza.

Se Uke difende è difficile sconfiggerlo in un primo momento, quindi si proverà a farlo cadere in mariera sbagliata.
In questo modo non si può apprendere la vera waza;
È bene cercare di evitarlo e non resistere con la forza.
Se non puoi evitare una waza schivando o ritirandoti, è meglio non resistere, riceverla e praticare ukemi. In questo modo, entrambi imparano ukemi e il modo corretto di eseguire Waza contemporaneamente. Pertanto, è bene perfezionare l'ukemi il prima possibile, perchè quando appreso bene si evita di farsi male, anche quando riceviamo una forte spinta. In questo modo non avrai paura del waza del tuo avversario durante il Randori e puoi anche tu provare una waza un pò più audace liberamente. Ai tempi della creazione del Kodokan, il grande alunno Shiro Saigo era il massimo esperto di waza in tutto il paese e questo perché, oltre al suo talento, praticava molto ukemi. Era un alunno durante le mie ricerche sul judo e praticavo su di lui le waza ogni giorno. Per questo motivo, si esercitò con quasi tutti gli ukemi e perse così la paura di ricevere

qualsiasi waza nel momento stesso in cui li provava diventando così un esperto. Ciò significa che la chiave per essere un esperto di judo è praticare la waza corretta, con la postura corretta e senza dare importanza alla vittoria o alla sconfitta, così si perfeziona anche Ukemi.

Pertanto, quando pratichi Nage Waza, puoi cercare di evitare di essere sconfitto spostandoti, anche se, come ho già ripetuto, non è bene difendersi molta forza e questo è qualcosa che i gradi bassi dovrebbero conoscere bene. Puoi provare quando avranno praticato abbastanza ukemi. Al contrario, nel caso del katame waza possono difendersi dall'inizio della pratica ed è ancora meglio provare la difesa con una forma propria a parte quella appresa dall'istruttore. Pertanto, è consuetudine sviluppare idee di difesa e facilitare la comprensione e l'interesse per le classi dei gradi più alti.

Ci sono molti katame waza, inizieremo con kesa gatame.

1. Kesagatame

Quando Uke è sdraiato sulla schiena, cerca di tenerlo dalla sua destra, afferra la manica destra con la mano sinistra avvicinandosi dalla sua parte destra, tira la mano destra facendo uno spazio per avvicinarsi e dalla sua parte sinistra metti il braccio sotto il collo afferrando il bavero destro come nella figura 1-1 (invece di afferrare, puoi anche mettere la mano sul tappetino). Afferra profondamente la manica destra e infila la mano destra di uke sotto l'ascella, mettendo la guancia alla spalla, posiziona la gamba destra davanti e la gamba sinistra dietro, piega le ginocchia e apri le gambe. Questa postura ricorda quella di un monaco con i suoi vestiti che si chiama kesa, ecco perché si chiama kesa gatame. Esiste un altro modo per eseguire questa waza come nell'immagine 1-2. Cioè, allontanando il viso ed allungando il braccio fino ad afferrare in maniera da impedirne il suo movimento.

1-1

1-2

2. Kuzure kesagatame

Metti la mano destra che era sotto il collo sotto l'ascella e tocca il tatami all'altezza della spalla dell'avversario come nell'immagine 2.

2

3. Kami shiho gatame

Questa è una tecnica per immobilizzare l'avversario posizionato supino dal lato della testa. Per fare questo, tori si mette a faccia in giù dal lato della testa di Uke come nell'immagine 3, prendendo la cintura Uke con entrambe le mani e mettendole sotto le braccia di Uke, infine mettendo i pollici verso l'interno.

Metti i gomiti a terra e premi la parte superiore delle braccia di Uke con la parte inferiore delle tue braccia, mettendo la guancia sulla pancia di Uke. Abbassando l'anca per premere il viso di Uke, posiziona il collo dei piedi a terra immobilizzandolo aprendo le gambe (può anche essere fatto con le dita dei piedi in verticale). Ci sono differenze nel suo uso tra la forma con le dita dei piedi verticale e quella con il collo dei piedi sul tappetino. Nel primo caso è più facile cambiare la posizione ma è un po' più instabile mentre nel secondo caso è più stabile è può essere adottato dalla maggior parte dei principianti. Entrambi i casi possono essere praticati dai più veterani.

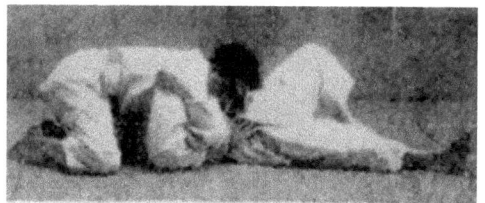

3

4. Kuzure Kami Shiho Gatame

È la variante di Kami Shiho Gatame. Quando Uke estrae il braccio sinistro dalla posizione di kami shiho gatame, quel braccio si trova tra l'ascella e il braccio sinistro di Tori. Quindi, Tori avvolge quel braccio mettendo il braccio sinistro sotto la spalla sinistra di Uke e inserendo quattro dita per afferrare il bavero dietro di Uke. Continuare a tenere la cintura sul lato destro con la mano destra così si immobilizza di nuovamente. L'avversario proverà a sollevarsi muovendosi, quindi ci sono casi in cui non puoi continuare a immobilizzare. In questo caso, usa il ginocchio sinistro per prevenirlo e immobilizzalo di nuovo allungando la gamba destra come nell'immagine 4-2.

4-1

4-2

Finora ho spiegato i concetti di nage waza e osae waza ma non ho avuto l'opportunità di parlare di shime waza (strangolamenti). Nage waza e osae waza sono molto importanti; anche shime waza ha il suo peso. Il valore sportivo di shime waza è lontano da quello di nage waza e osae waza ma è un modo per paralizzare l'avversario senza che muoia ed è un fattore tecnicamente importante per arricchire la variazione degli attacchi e difese. C'è una cosa che devi tenere a mente in modo particolare ed è che non devi mai usarlo contro le persone per causare dolore o disagio mentre stanno apprendendo. Come ho già detto, devi sempre comportarti bene in modo che gli altri siano soddisfatti, a casa, nella società, dai genitori stessi al resto del mondo. La formazione ha senso quando progredisce nel suo valore umano e utilizza ciò che si impara a beneficio e miglioramento della società. Se si fa del male a qualcuno sarebbe un peccato, anche per il loro insegnante.

Dopo queste riflessioni, continuerò a spiegare alcuni dei più comuni shime waza tra i tanti esistenti.

5. Kata te jime

Prendi entrambi i baveri con una mano come nell'immagine 5 e con l'altra mano, tenendo il lembo centrale, tira per strangolare. Questo è usato in Randori non solo per strangolare, ma anche per destabilizzare la posizione dell'avversario.

5

6. Kata juji jime

Viene realizzato afferrando il bavero sinistro dell'avversario con la mano sinistra sollevando il pollice e afferrando il bavero destro con la mano destra sollevando le quattro dita, tirando la mano sinistra e spingendo la mano destra per strangolare come nell'immagine 6-1. Quando invece l'avversario è coricato a terra, lo si fa mettendosi sopra Uke ripetendo ciò che ho descritto, come nell'immagine 6-2, e poi piegandosi in avanti e spingendo il gomito verso il tappeto; Questo ottiene più effetto come mostrato nell'immagine 6-3.

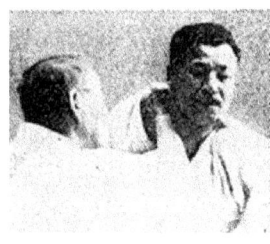  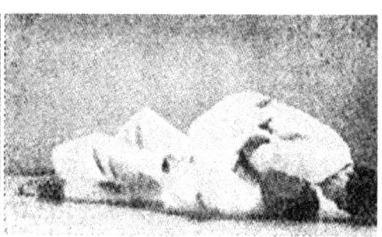

6-1   6-2   6-3

7. Gyaku juji jime

Con la mano destra, sollevando il pollice, afferrare la parte inferiore del bavero destro e con la mano sinistra - allo stesso modo - afferrare la parte inferiore del bavero sinistro. Ruota il braccio destro verso destra e il braccio sinistro verso sinistra, tirando l'avversario verso sé stessi per strangolare come nell'immagine 7-1. (È molto efficace se si mettono le mani in profondità). Quando l'avversario è a terra, sarà più efficace eseguirlo come spiegato sopra, come nell'immagine 7-2. E se l'avversario è più forte, è anche buono rotolare a sinistra e soffocare dal basso come nell'immagine 7-3.

7-1 7-2 7-3

CAPITOLO 12

KIME SHIKI - SEIRYOKU ZENYO KOKUMIN TAIIKU

KIME SHIKI-SEIRYOKU ZENYO KOKUMIN TAIIKU

1. Ryote dori

Uke e tori si posizionano in ginocchio come nella figura 1-1. Uke afferra entrambi i polsi di Tori come nella figura 1-3. Tori mette le dita dei piedi in verticale come nell'immagine 1-2 e apre il ginocchio sinistro verso sinistra sollevandolo come nell'immagine 1-4 e libera la mano destra tirando verso la spalla sinistra come nell'immagine 1-5.

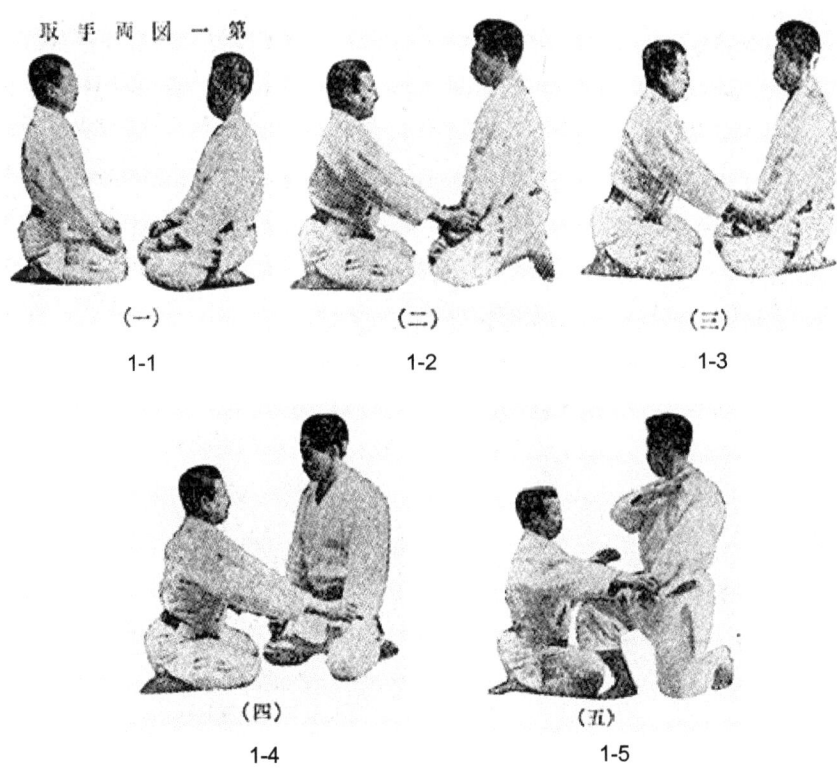

2. Furi hanashi

Continuazione dei movimenti di Ryote dori. Tori prova a colpire uke con te gatana (mano a spada) a uto (punto vitale tra gli occhi) di uke come nell'immagine 2-1. Uke afferra il polso di Tori con la mano sinistra. Tori sfugge alla mano destra aprendo la gamba destra allargandosi a destra come nella figura 2-2.

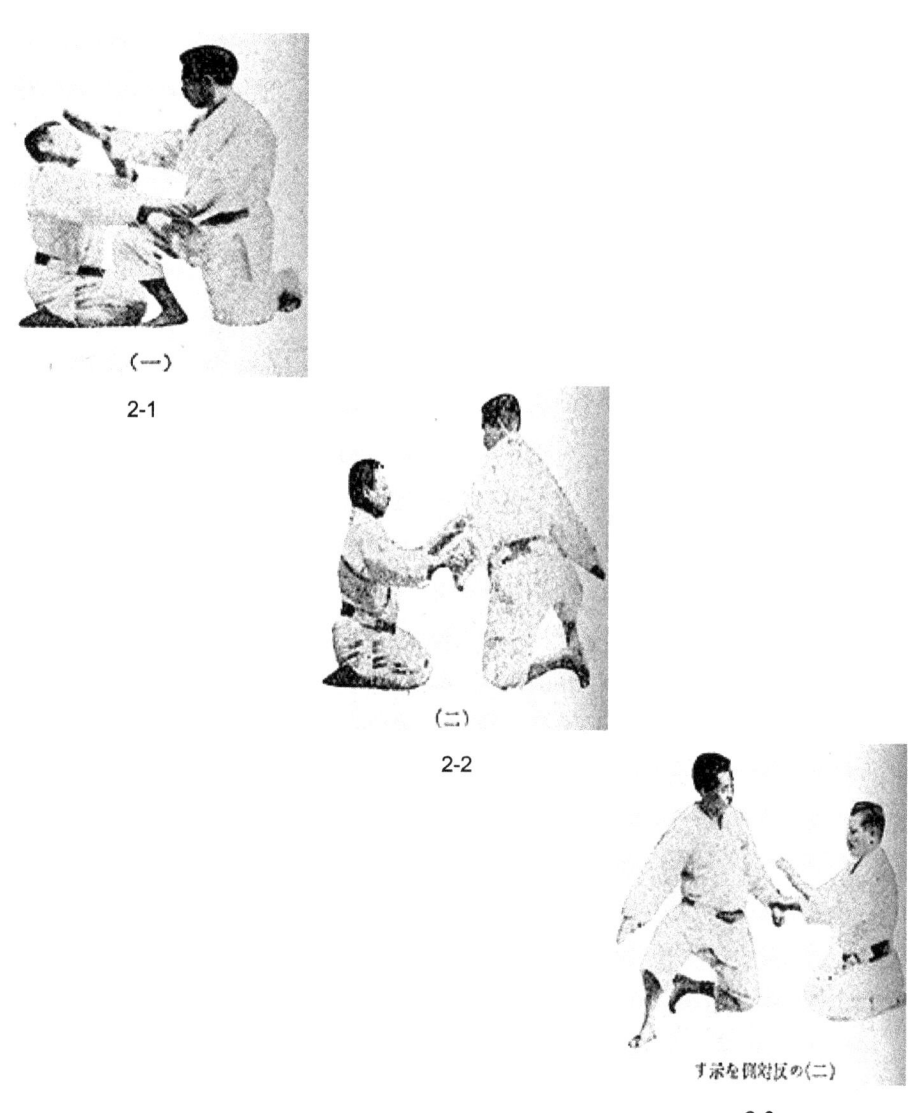

2-1

2-2

2-3

3. Gyakute dori

Uke afferra i polsi di Tori al contrario, come nella figura 3-1. Tori solleva le dita del piede sinistro e alza la gamba destra per colpire il corpo di Uke con il ginocchio. Allo stesso tempo, tira indietro entrambi i polsi verso all'indietro come nella figura 3-2.

3-1

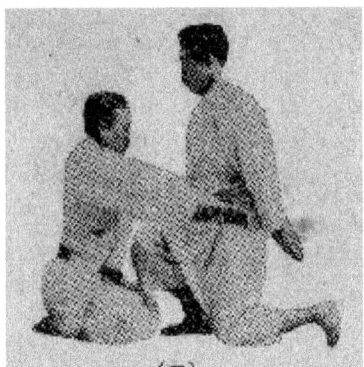

3-2

4. Tsukkake

Uke cerca di dare un pugno alla parte superiore dello stomaco di tori (suigetsu: punto vitale) come in figura 4-1. Tori solleva il ginocchio destro, aprendo il corpo a destra ed evita l'atemi spingendo il gomito di Uke come nell'immagine 4-2. Tori afferra il polso destro di Uke con la mano destra portandolo alla coscia e spinge immobilizzando il lato destro del collo di Uke, come nella figura 4-3. Pressa l'articolazione del gomito per terminare. Non dovrebbe spingere forte per evitare di danneggiarlo.

4-1 4-2 4-2 P.

4-3 4-3 P.

5. Kirikake

Uke mette il pollice sinistro sulla guaina della katana come nella figura 5-1 e cerca di attaccare tori davanti sollevando il ginocchio destro (anche tori alza il ginocchio destro). Aprendo il corpo a destra, spingere il braccio destro di uke con la mano sinistra come nell'immagine 5-2. Afferrando il polso destro di uke dal basso, afferra il braccio destro di uke con il braccio sinistro come in figura 5-3 e, abbassando il corpo, preme l'articolazione del gomito dell'uke.

L'insieme di tecniche da 1 a 5 esposto fino ad ora si chiama idori.

5-1   5-2   5-3

5-2 P.   5-3 P.

6. Tsuki age

Uke e tori si affrontano come nella figura 6-1. Uke fa avanzare il piede destro e cerca di dare un atemi verso l'alto al mento di Tori nel punto vitale del kachikake come nella figura 6-2. Tori ritira il mento e il piede destro schivando il colpo; con la mano sinistra preme la parte anteriore del braccio di Uke e con il pugno destro colpisce il plesso solare di Uke, suigetsu punto vitale.

6-1   6-2   6-3

7. Yoko uchi

Dalla posizione frontale come nell'immagine 7-1, uke fa avanzare il piede destro e cerca di colpire con un atemi il lato sinistro della faccia di tori con la mano destra come nell'immagine 7-2. Tori fa un passo indietro con il piede destro e abbassa il corpo schivando il colpo e sollevandosi spingendo il braccio di Uke con il braccio sinistro, come nell'immagine 7-3. Infine, applica un atemi con il pugno destro sul punto vitale: uto (tra gli occhi) come nell'immagine 7-4.

7-1　　　　　　　7-2

7-3　　　　　　　7-4

8. Ushiro dori

Uke posiziona il piede destro accanto al piede destro di Tori come nell'immagine 8-1 e cerca di afferrare il suo corpo da dietro. Tori abbassa rapidamente il suo corpo e sposta il piede sinistro indietro obliquamente colpendo la parte superiore dello stomaco o il plesso solare di Uke con il gomito destro, come nell'immagine 8-2.

8-1

8-2

9. Naname tsuki

Uke nasconde la katana alle sue spalle e affronta Tori come nella figura 9-1. Uke fa un passo con il piede destro e cerca di tagliare il collo di Tori da sinistra come nella figura 9-2. Tori sposta il piede destro indietro e obliquamente come nell'immagine 9-3 - abbassando il corpo per evitare il taglio - e spinge il braccio di uke con la mano sinistra, sollevando il corpo come nell'immagine 9-4. Quindi, da un atemi come in yoko uchi mettendo il corpo dietro uke e si mette la mano destra sotto l'ascella di uke come nell'immagine 9-5. Quindi mettere la mano sinistra tra la spalla e il petto di Uke tirando verso se stessi e con la mano destra si spinge la testa in avanti, producendo così un controllo nei muscoli cervicali di Uke mentre preme l'articolazione della spalla di Uke come in Immagine 9-6.

10. Kirioroshi

Uke sorregge la katana con la mano sinistra e affronta tori come nella figura 10-1. Appoggia il pollice sinistro sulla guaina della katana e la sfodera un poco. Girando l'anca a sinistra e tirando indietro il piede sinistro, sguaina con la mano destra come nell'immagine 10-2. Mettendo entrambi i piedi nella stessa posizione, afferra la katana con entrambe le mani come nell'immagine 10-3. Rimuove il piede destro e solleva la katana come nell'immagine 10-4 e prova ad attaccare con un taglio verso il basso facendo un passo in avanti con il piede destro. Tori schiva rapidamente spostando il corpo a destra come nell'immagine 10-5, controlla e spinge il braccio di Uke con la mano sinistra. Afferra il polso destro di uke con la mano destra come immagine 10-6, portandolo sopra la coscia e pressando il lato destro del collo di uke con il braccio sinistro. Alla fine, sollevando il corpo si spinge l'articolazione del gomito destro di Uke contro la pancia.

Le tecniche dei gruppi da 6 a 10 sono chiamate tachiai.

CAPITOLO 13

RANDORI SHOWAZA, NAGEWAZA 2

RANDORI SHOWAZA, NAGEWAZA 2

1. O goshi

Questo waza viene eseguito quando l'avversario è in Jigotai (posizione difensiva). Uke e tori sono in migi jigotai, Tori tira a sé il bavero sinistro con la mano destra. Uke si sporge in avanti e fa un passo avanti con il piede sinistro per cercare di ritrovare l'equilibrio, quindi Tori mette la mano destra sopra la cintura di Uke dietro la schiena e si spinge in avanti. Uke si mette in punta di piedi e alza i talloni come nella figura 1-1. nello stesso momento, Tori sposta il piede destro all'interno dello stesso piede di Uke in parallelo e infila l'anca in profondità come l'immagine 1-2. E infine spinge il corpo di Uke con la mano sul fianco verso il corpo di Tori ruotando il corpo a sinistra e tirando forte la manica con la mano sinistra nella stessa direzione. Quindi Uke viene proiettato in avanti.

Questo è una maniera di eseguirla, anche se c'è ne esiste un'altra: dal migi Jigotai, Tori abbassa un po' il suo corpo, mette il piede sinistro vicino al piede sinistro di Uke in parallelo, allo stesso tempo mette l'anca fino in fondo e mette la mano sinistra dietro uke sopra la cintura, spingendo il corpo di uke verso sé stesso. Quando uke si alza in punta di piedi, tori gira a destra e con la mano destra tira la manica nella stessa direzione della torsione, proiettando l'avversario. Penso che sia stato nel gennaio del 23 ° anno dell'era Meiji (anno 1890). Stava tornando dall'Europa navigando attraverso l'Oceano Indiano. In quell'occasione, mi trovavo obbligato ad affrontare un russo di enormi dimensioni su una questione senza importanza.

Mi prese per la schiena e cercò di buttarmi a terra girando il suo corpo. Sono riuscito a schivarlo e nello stesso momento l'ho buttato a terra mettendolo a testa in giù eseguendo o goshi. Al momento della caduta, l'ho tenuto vicino al collo e l'ho fatto cadere con i piedi sul ponte della barca invece di farlo cadere direttamente con la testa. Quindi, le persone presenti lo hanno apprezzato molto visto che ho avuto l'abilità di non danneggiare un avversario, anche se di grosse dimensioni, e di sconfiggerlo in modo pulito. L'avversario mi chiese la mano per sollevarsi da terra con una faccia emozionata e ci salutammo senza nessun rancore.

Questa è la storia di come ho sconfitto un gigante russo mentre navigavo.

1-1

1-2

2. Tsuri komi goshi

Questo waza viene eseguito proprio mentre l'avversario cerca di evitare l'harai goshi inarcando il corpo. Harai Goshi è stato creato per impedire a Uke di saltare in avanti schivando Uki Goshi. Allo stesso modo, questo waza (tsuri komi goshi) è stato creato per neutralizzare l'inchino del corpo di Uke quando cerca di evitare l'harai goshi. È difficile eseguire uki goshi o harai goshi, quando l'avversario inarca il corpo. Nonostante, afferrando il bavero e la manica nella posizione naturale destra, avvicinandosi al corpo dell'avversario, abbassando l'anca, tirando per caricare l'avversario e sollevando improvvisamente l'anca tirando entrambe le mani verso il basso, l'avversario viene proiettato come nell'immagine 2-1. Teoricamente tsuri komi goshi è stato creato per questa procedura, ma nel Randori ci sono anche altri modi per eseguire questa tecnica. Ad esempio, quando l'avversario è piegato, con la testa in giù o non tenendo il corpo in giù, in questi casi, cambiando dalla mano dal bavero alla manica e sollevando l'avversario con entrambe le mani, abbassando l'anca, proiettiamo allo stesso precedente modo.

2-1

2-2

3. Seoi nage

Uke e tori passano dalla posizione naturale alla posizione naturale destra. Tori fa un passo indietro in tsugi ashi con il piede sinistro e poi con il piede destro. Quindi, uke cerca di mantenere la sua posizione in modo da non piegarsi spostando il piede destro nella stessa direzione ed anche il piede sinistro in Tsugi Ashi. Nel secondo movimento, tori cambia la mano e afferra la manica all'altezza centrale interna con la mano sinistra, ripetendo entrambi lo stesso movimento. La terza volta, Tori tira la manica con la mano sinistra verso sé stesso e mette il piede destro all'interno del piede destro di Uke. Allo stesso tempo, ruota il corpo a sinistra, spostando il piede sinistro in avanti all'interno del piede sinistro di Uke. La schiena si colloca sulla parte superiore del petto di Uke e la mano destra è posizionata sotto l'ascella di Uke come nella figura 3-1. Immediatamente, si prende la spalla destra di uke con la mano destra come nell'immagine 3-2, ritraendo il piede sinistro indietro, piegando il corpo e tirando entrambe le mani verso il basso, proiettiamo uke.

Fin qui è il caso di fare waza tirando l'avversario sebbene ci sia un altro modo: spingere l'avversario, che a volte potrebbe avanzare. Se è così, può proiettarti allo stesso modo. Ci sarebbero anche altre maniere di eseguire seoi nage. Quando entrambi sono nella naturale posizione destra, tori tira il bavero con la mano destra fa avanzare uke. Lo stesso metterà fuori il piede sinistro invece del piede destro facendo un passo, mettendo il peso sulla punta del piede e sollevando i talloni come nell'immagine 3-3. A quel punto, Tori flette un po' le ginocchia, abbassando il corpo, piegando il gomito destro e infilandolo sotto l'ascella, afferrando il bavero sinistro di Uke.

La sua schiena è posta sopra il petto e la pancia di Uke e improvvisamente, allungando le gambe, sporgendosi in avanti e tirando entrambe le mani verso il basso, lo proietta.

C'è un aneddoto con questa waza: era prima degli anni 30 dell'era Meiji (anno 1897). C'era un maestro della scuola Yoshin ryu Ju Jutsu della polizia di Yokohama di nome Katsuyuki Aisawa. Un giorno accadde che diversi soldati militari stranieri facevano violenze per strada e nessuno poteva tranquillizzarli. Il signor Aisawa li tranquillizzò proiettandoli tutti. Sembra che la tecnica che ha usò fosse principalmente seoi nage.

3-1

3-2

3-3

4. Tai otoshi

La tecnica ha diversi modi di preparazione e esecuzione a seconda che l'avversario si trovi in una posizione naturale o difensiva. In primo luogo, quando l'uke tori sono nella posizione naturale di base, si portano nella posizione naturale destra, tori tira indietro il piede sinistro con il corpo verso l'angolo indietro a sinistra, ritirando anche il piede destro. Quindi uke fa un passo avanti verso destra per cercare di ritrovare la sua stabilità. Ripetendo questo movimento, a volte uke si sporge un po 'più del piede e si inclina accidentalmente. Questa mossa viene fatta da Uke, ma Tori può anche provocarla tirando più forte. La posizione in quel momento è la più propizia per tori per eseguire il waza. Mentre il corpo di Uke avanza, tori tira indietro il piede sinistro sul lato destro in maniera accentuata, fa un passo con il piede destro vicino al piede destro di Uke, cambia la mano destra dal bavero ad afferrare la spalla destra o la manica destra all'interno e tira forte verso il basso con la mano sinistra afferrando insieme la manica per proiettarlo come nell'immagine 4. Tori ritira con forza il piede sinistro sul lato destro -per impedire che uke vada avanti- e per evitarlo, gli fa girare la gamba destra.

Finora, ho esposto come eseguire il Waza con Uke nella posizione naturale e senza difesa, anche se a volte Uke si mette in posizione difensiva o aspetta l'esecuzione. In questa situazione, non è facile tirarlo fuori dalla sua posizione perché sta cercando di non muoversi. Quindi cosa si può fare? Essendo nella giusta posizione di difesa, Tori spinge un po 'con la mano destra; uke di solito risponde spingendo anche lui.

Quindi, approfittando di quella forza, ritirando il piede destro con il corpo, tirare il bavero sinistro con la mano destra nella stessa direzione. Quindi uke mette piede sinistro fuori alzando i talloni e si mette in punta di piedi. In quel momento, come ho spiegato prima, il piede sinistro viene ritirato a fondo sul lato destro e il piede destro si avvicina al piede destro di Uke e tirando con forza la manica in giù Uke viene messo giù.

4

5. Tomoe nage

Questa waza può essere eseguita dalla posizione naturale o dalla posizione difensiva. Supponiamo il caso della naturale postura destra: tori tira il bavero sinistro di uke con la mano destra verso sé stesso, quindi uke avanza il piede sinistro va in punta i piedi con entrambi i piedi. A questo punto, metti il piede sinistro tra i due piedi di Uke, come nell'immagine 5-1, mettere un piede il più indietro possibile e posizionando la parte alta della pianta del piede nella pancia di Uke, cambiando la mano dalla manica al bavero di uke. Afferrando il bavero con entrambe le mani, tirare verso il petto estendendo la gamba nella pancia di Uke come in Figura 5-2. Quindi uke vola e viene proiettato come nell'immagine 5-3. Se avete praticato abbastanza la caduta in avanti rotolando, sarà facile ricevere questo waza e se si pratica molte volte si può riuscire a mettersi in piedi quando vengono proiettati.

Nel Randori, di solito si prendono le maniche con entrambe le mani invece di prendere il bavero per prendere il tomoe nage. Quando sono nella posizione naturale destra, la mano destra cambia per afferrare il bavero come nell'immagine 5-4 e si eseguirà la waza allo stesso modo; l'avversario viene lanciato come nell'immagine 5-5.

5-1 5-2

5-3

5-4 5-5

6. Sumi gaeshi

Questa waza è una tecnica che appartiene al gruppo ma sutemi waza e può essere eseguita con posizioni sia naturali che difensive. Quando si è nella naturale posizione destra e si ci spinge l'un l'altro, metti la mano destra nel bavero dell'avversario sotto l'ascella sinistra e tira con la mano, afferrando la manica dell'avversario. L'avversario, quindi, si inclina leggermente a destra come nella figura 6-1. In quel momento, metti il collo del piede che si trova avanti all'interno della coscia sinistra come nell'immagine 6-2 e piegando bene l'anca abbassa il corpo e spingi la coscia verso l'alto, l'avversario vola e cade come nell'immagine 6-3.

Allo stesso modo, quando si è in posizione difensiva, il sumi gaeshi può essere eseguito allo stesso modo quando l'avversario rimane con il suo corpo in giù e non solleva il corpo. Afferra il lato sinistro della cintura con la mano destra e tieni il braccio destro con la mano sinistra, metti bene il braccio posteriore come nell'immagine 6-4. Infine, viene messi giù come nella tecnica precedente.

6-1   6-2   6-4

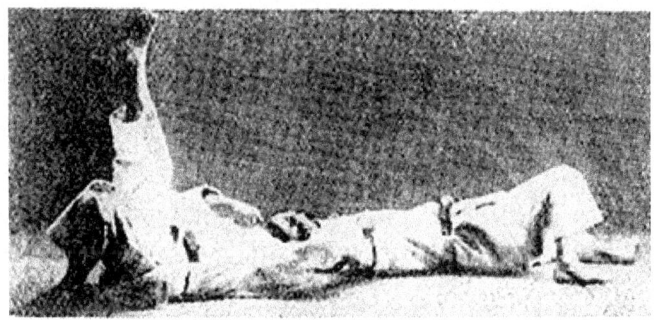

6-3

CAPITOLO 14

LEZIONE DI JUDO

LEZIONE DI JUDO

Il judo, oltre ad essere Bujutsu, è educazione fisica e allo stesso tempo serve alla formazione dell'intelligenza. Ho spiegato le linee guida per la formazione, mettendole così in relazione con le pratiche spiegate finora spiegherò alcuni principi più in avanti.

14-1 JUDO RENDE LE PERSONE ONESTE

Quando uno studente ascolta l'insegnante o fa i compiti quotidiani mentre è a casa, non dovrebbe essere distrarsi guardando la strada o pensando ad altre cose. Devi concentrarti sul tuo obiettivo con tutta la tua anima. Tale atteggiamento è necessario per fare qualsiasi lavoro quotidiano. La serietà è la chiave per la velocità e l'efficienza nel fare meglio le cose e questa è la prima lezione dell'allenamento. Per acquisire tal cosa, devi abituarti a vivere con un atteggiamento simile, in particolare praticando l'educazione fisica nazionale della massima efficienza fisico-mentale e l'allenamento del judo Randori, poiché sono le forme più appropriate in maniera da vedere immediatamente i risultati e se hai fatto bene o no. Quando nell'educazione fisica nazionale il movimento è espressivo, ogni movimento dei muscoli è importante e il suo obiettivo dovrebbe essere quello di esprimere fedelmente il significato di ogni gesto, quindi abituati a farlo automaticamente con la massima serietà. Ad esempio, se non studi formalmente l'atemi (tandoku renshu) da solo, non imparerai bene l'atemi-waza, poiché per impararlo correttamente devi farlo in questa maniera, proprio come nel movimento con un partner kiri oroshi.

Quando arriva l'attacco, se non lo schivi rapidamente, raggiungerà il tuo corpo. Per evitarlo, devi evitarlo seriamente e con energia, facendo i movimenti necessari e precisi.

La serietà è ancora più necessaria nel Randori. Dato che si deve stare in allerta e controllarsi l'un l'altro per trovare il momento giusto per eseguire una Waza, se c'è una leggera svista, l'avversario attaccherà e viceversa. Non si deve mai essere disattenti. Quando si è sempre preparati - come in questo caso - si ci abitua a questo atteggiamento vigile e attento, di conseguenza, si diventerà persone serie che praticano il judo e non lo si potrà essere se non stiamo allenando seriamente. Esercitandosi in questo modo si otterrà la forma più corretta poiché, inoltre, si deve coltivare questo carattere con grande naturalezza.

14-2 IL JUDO CI CONVERTE IN ESSERI TRANQUILLI E RAPIDI

Essere calmi e lavorare in fretta sembrano cose opposte, ma non è assolutamente così. Quando non sei calmo, fai le cose in maniera confusionaria o senza dar loro importanza, causando fallimenti. La velocità da sola non funziona. Devi pensare ai dettagli delle cose prima di farle, con calma per decidere quale è il percorso migliore da scegliere, sennò a volte, cose già fatte possono risultare inutili. Quando finalmente trovi la strada giusta, devi iniziare il prima possibile sfruttando il tempo e le circostanze, altrimenti potrebbe verificarsi una nuova situazione e non sarà più possibile farlo. Questa è, in breve, la vera ragione per fare le cose in modo rapido e calmo.

Allenando correttamente il judo con Kata e Randori, si allenano allo stesso tempoe i modi per fare le cose correttamente. Nella pratica solitaria (tandoku renshu) o nella pratica con un compagno (sotai renshu) dell'educazione fisica nazionale della massima efficacia fisica e mentale (seiryoku zenyo kokumin taiiku) ogni posizione viene iniziata ritornando alla posizione originale o alla posizione di base (questo si effettua, per poter pensare alla prossima mossa con facilità.) Nella pratica col partner, quando si riceve un attacco come tsukkake o kirikake è necessario subirlo con calma, senza paura o confusione per schivare l'atemi o il taglio e controllare correttamente il movimento dell'attaccante.

Durante l'allenamento del Randori si apprende meglio la teoria della tranquillità e della velocità. praticandolo, a volte, l'avversario sta spingendo e talvolta sta tirando. Per ogni occasione c'è una risposta che devi decidere in quel momento poiché per contrastare il movimento, la tranquillità è necessaria. Pertanto, la pratica di Randori coltiva un carattere calmo.

Anche la velocità viene appresa allo stesso modo. Ci sono molte occasioni in cui le cose vengono fatte rapidamente e si ottengono buoni risultati ma perdendo l'opportunità non si raggiunge l'obiettivo. Le persone imparano dall'esperienza e pensano che la lentezza non sia ammissibile, sebbene nella pratica di Randori di solito non si vedano occasioni in cui si agisce con un tale effetto. Nel Randori, sia con tecniche di attacco che di difesa, la regola di base è la velocità. Quindi questa regola non può essere dimenticata. Pertanto, esegui le tecniche senza aspettare un momento per sconfiggere l'avversario. Allenandosi, in questo modo, ripetutamente, si acquisirà una tale abitudine e carattere nella personalità che lo renderanno una persona utile nella società. Pertanto, dovresti praticare Kata o Randori pensando sempre di ottenere un tale risultato.

14-3 BENESSERE E PROSPERITÀ RECIPROCA

Non dovresti dimenticare la prosperità reciproca poiché le persone sono i componenti essenziali di una società. In un piccolo gruppo di due o tre persone o in una grande società di centinaia di milioni di persone, la regola di base della vita sociale è essere uniti e desiderare di prosperare a vicendevolmente. Se una persona o un gruppo di persone fa i propri comodi sacrificando altre persone, non si ci può aspettare pace o armonia. (Tantomeno è corretto che ci siano persone che pensano solo agli altri e si dimenticano di sé stessi o dei loro benefici individuali). Ci sono persone che danno la vita per la nazione o fanno di tutto per mantenere la giustizia. Personalmente, non sono d'accordo con questi atti in cui ci si abbandona, poiché questo è il ragionamento di coloro che non pensano profondamente al vero significato delle cose.

L'essere umano ha bisogni (o desideri) fisici, materiali e mentali. Quando trascura la sua vita, abbandona anche il desiderio fisico e materiale, ma non abbandona mai il desiderio mentale che risiede al più alto livello. Pertanto, sacrificare la tua vita per una nazione o senza cercare un interesse personale per la giustizia non significa abbandonare tutto, ma solo abbandonare interessi di basso livello. Pertanto, essere utili a una nazione o preservare la giustizia è un modo per ottenere una soddisfazione mentale di alto livello. In questo modo, anche questa può essere considerata una teoria per prosperare a vicenda poiché uno ha prosperato con la sua mente aiutando la nazione allo stesso modo degli altri, materialmente parlando.

Il desiderio, oltre a quello fisico e materiale, include anche quello mentale o spirituale, quindi soddisfare il desiderio mentale è paragonabile a un atto morale. In definitiva, la prosperità è uno stato attraverso il quale si ottiene una soddisfazione corporea e materiale oltre a quella spirituale, forse la più importante. Quindi, evidentemente, la prosperità reciproca è la vita sociale ideale. Pertanto, le persone devono lottare fin dall'infanzia per cercare di formare una società ideale o, in altre parole, devono sempre pensare agli altri oltre che a pensare per sé stessi, progredendo a vicenda; quando si fa qualcosa per gli altri, non dimenticare che lo si sta facendo anche per sé stessi. In questo modo nascono armonia, pace e sviluppo.

Questo è il significato della prosperità reciproca. E ora spiegherò come questo viene appreso nella pratica del judo Kata e Randori.

14-4 PROSPERITÀ E PRATICA DI KATA · RANDORI

Come nel Kata, esiste anche una regola importante nella pratica del Randori: non dovresti esercitarti da solo cercando di imparare da te stesso e senza guardare il tuo avversario. A volte capita che venga praticato senza considerare gli interessi dell'altro. Questo non dovrebbe mai essere fatto. Quando si pratica è necessario guardare i movimenti dell'avversario allo stesso modo che i tuoi. La pratica egoistica può portare a una vera disputa e questo non è adatto al progresso. Si deve avere la disponibilità di accettare l'avversario come partner con l'obiettivo comune di progredire nella tecnica del judo e, se necessario, cadere intenzionalmente e dare all'altro l'opportunità di apprendere bene. Senza dubbio va tutto a reciproco vantaggio. Soprattutto, quando ti alleni con un principiante, dovresti farlo evitando incidenti o danneggiarlo il meno possibile guidandolo nel suo apprendimento. Questo è complesso e non molto interessante per alcuni, ma necessario e destinato al progresso reciproco. Quando tutti praticano con la stessa intenzione di beneficio reciproco, la tecnica progredisce, migliora la relazione reciproca e la pratica del Randori può diventare il vero metodo di allenamento spirituale, oltre a quello dell'apprendimento della tecnica di judo. Nella spiegazione del Randori all'inizio ho raccontato la necessaria pratica di avanti e indietro, quindi non puoi aspettarti un apprendimento di successo senza considerare lo spirito di reciproca prosperità. Ferire o danneggiare l'avversario per il desiderio momentaneo di vincere, o tentare di realizzare una waza impossibile è fuori dal contesto dello spirito di benessere reciproco. Penseremo, quindi, che il metodo corretto sia quello di imparare e acquisire il giusto carattere per realizzare tutte le cose con questo spirito attraverso l'addestramento nel Kata e Randori.

14-5 EVITARE L'ABBANDONO ED ECCESSI NELLA PRATICA

Dal punto di vista del buon uso del corpo e della mente, per un praticante di judo non è possibile interrompere l'allenamento o, al contrario, allenarsi troppo. L'allenamento quotidiano è essenziale per la salute e l'apprendimento tecnico, attraverso il quale si ottiene il vero valore del judo. È consentito controllare la quantità di allenamento, diminuendo il tempo in cui si è praticato un altro sport nello stesso giorno o aumentandolo quando possibile.

Ci sono sport che hanno bisogno di strutture o compagni mentre l'educazione fisica nazionale della massima efficacia fisica e mentale può essere praticata da sola e ovunque, quindi dovresti praticarla a casa con una certa regolarità. Oggi si ha poco tempo per praticare il judo, anche se gran parte di ciò che vi sto dicendo in questo libro può essere praticato ovunque. Pertanto, raccomando di praticarlo a casa ogni giorno in aggiunta a ciò che hanno praticato a scuola, in particolare Bujutsu e allenamento mentale oltre all'educazione fisica che è più efficace con l'allenamento quotidiano. Spero che tu consideri seriamente questo punto.

Sembra che l'educazione fisica nelle scuole venga dimenticata durante le vacanze, ma ricorda che dovrebbe essere praticata quotidianamente, proprio come non dimenticare di fare tre pasti al giorno normalmente e non c'è motivo per non farlo. Il motivo è che forse fino ad ora non esisteva un metodo adatto, quindi è stato dimenticato. Ma sapete già che esiste il metodo nazionale di educazione fisica e possono praticarlo durante tutto l'anno per allenare il corpo e la mente.

14-6 NON ABUSARE DELLE TECNICHE APPRESE

C'è ancora una cosa da evidenziare per i più piccoli e cioè che non dovrebbero abusare delle tecniche apprese. Gli alunni imparano vari waza, naturalmente, ed è comprensibile voler provare con altre persone per vedere se sono efficaci, anche se a volte è solo per disturbare. Una volta c'era un ragazzo che imparava le waza e si esercitava con un amico che non era stato istruito nel judo. Ha trasformato quell'amico in un disabile. C'è un altro aneddoto triste: un contadino aveva strangolato un suo vicino per una disputa facendogli perdere conoscenza. Non conoscendo il metodo corretto di rianimazione e finì per ucciderlo.

柔道教本

ALTRI LIBRI PUBBLICATI DAGLI AUTORI

ALTRI LIBRI PUBBLICATI DAGLI AUTORI

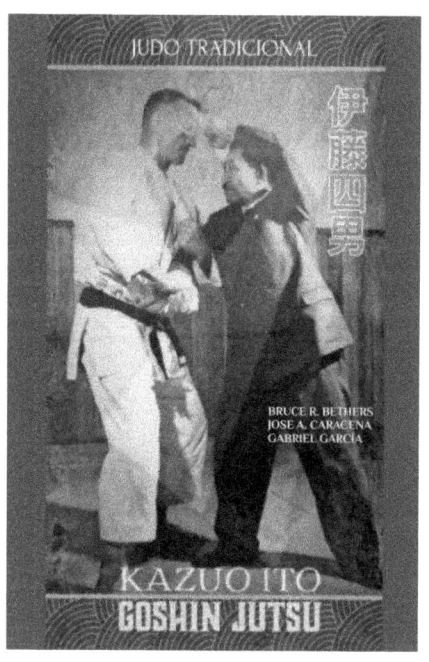
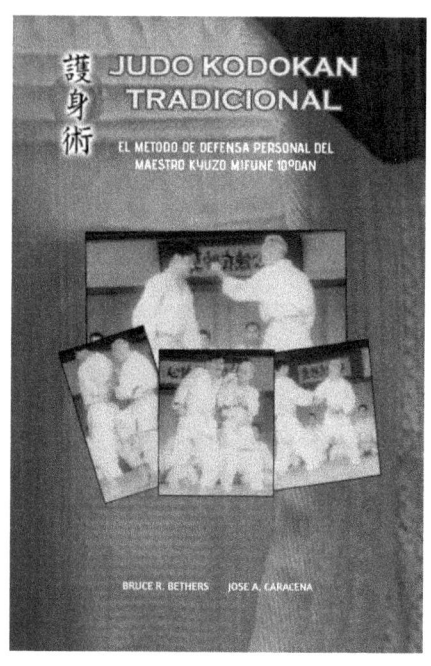

IN VENDITA IN AMAZON, BLURB E KIABUDOSHOP

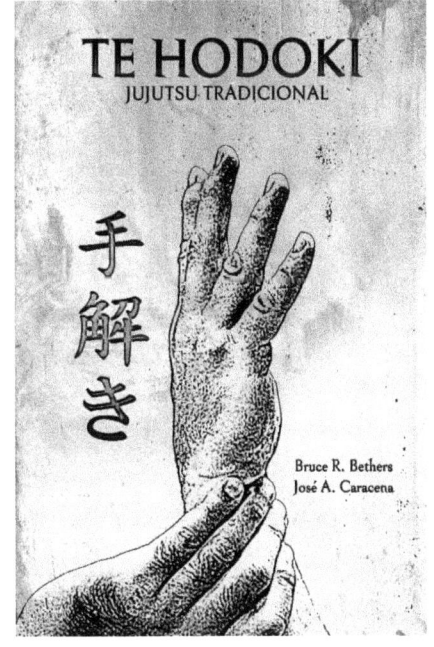

ALTRI LIBRI PUBBLICATI DAGLI AUTORI

IN VENDITA IN AMAZON, BLURB E KIABUDOSHOP

Milton Keynes UK
Ingram Content Group UK Ltd.
UKHW020023271124
451585UK00013B/1418